Monika Sittart

WER ist hier anders?
Besonderheiten der Wahrnehmung bei Kindern

Monika Sittart

WER ist hier anders?

Besonderheiten der Wahrnehmung bei Kindern

Rediroma-Verlag

Bibliografische Information der Deutschen Nationalbibliothek:
Die Deutsche Nationalbibliothek verzeichnet diese Publikation in der Deutschen Nationalbibliografie; detaillierte bibliografische Daten sind im Internet über http://portal.dnb.de abrufbar.

ISBN 978-3-98527-675-2

Umschlaggestaltung: Monika Sittart
Illustrationen: Lilla Varhelyi
www.lillavarhelyi.de

www.rediroma-verlag.de
11,95 Euro (D)

Inhalt

Vorwort

Wir sitzen beide an einem Tisch neben dem Spielplatz. Sie trinken einen Espresso und ich einen Tee. WER von uns ist anders?

Wir beobachten drei Kinder, die im Sandkasten spielen. Ein Kind spielt nur mit Unterhose bekleidet freudig mit dem Sand. Es spielt „mit dem ganzen Körper". Der Sand klebt an seinem Körper. Im Sand zu spielen, macht ihm viel Spaß. Das andere Kind steht hinter dem Sandkasten. Instinktiv möchte es möglichst wenig mit Sand in Berührung kommen. Die feinen, piksenden und unkontrollierbaren Sandkörner stressen das Nervensystem des Kindes. Um ein Wohlgefühl wieder herzustellen, macht sich dieses Kind dauernd die Hände sauber. Es mag keinen Sand an den Fingern. Ein drittes Kind hockt im Sand und schaufelt gedankenverloren. Welches Kind ist anders?

„Unsere Toleranz wird getestet, wenn man in der Mehrheit ist. Unser Mut wird getestet, wenn wir in der Minderheit sind.“ Der Autor dieses Zitats ist unbekannt.

Die Mehrheit bestimmt oft das, was wir als „richtig“ wahrnehmen. In unserer Spielplatz-Wahrnehmung wird häufiger das Bild bestätigt, dass Kinder Spaß im Sandkasten haben. Wie ist Ihre persönliche Wahrheit? Welches Kind ist jetzt anders? Ich verrate Ihnen etwas aus meiner persönlichen Sicht und Erfahrung: Jedes Kind verhält sich genau richtig. Es ist für jedes Kind das stimmigste Verhalten in dieser Situation. Wieso? Darum geht es in diesem Buch.

In der jahrzehntelangen Arbeit mit Kindern in einem Frühförderzentrum durfte ich sehr viele Kinder und deren Familien begleiten. Ein Großteil der Schwierigkeiten oder Besonderheiten der Kinder lag in der Wahrnehmungsverarbeitung der vielen Sinneseindrücke. Ich erlebte die vielen Zusammenhänge zwischen Besonderheiten und Verhalten, aber auch Zusammenhänge, die sich auf das familiäre Umfeld und sogar darüber hinaus bezogen.

Meine physiotherapeutischen Kenntnisse wurden durch meine psychomotorische Ausbildung und mein großes Vertrauen in diesen Ansatz erweitert und belohnt. Auch wenn es das Kind betrifft, das eine Besonderheit in seiner Wahrnehmungsentwicklung erfährt, bedarf das gesamte Familiensystem der Einbeziehung.

Mit der Ausbildung zur Systemischen Beraterin konnte ich den Familien beratend zur Seite stehen und mit ihnen gemeinsam Ressourcen finden und bewusst einsetzen. In diesem Verstehen kann Förderliches wachsen – für die Kinder und für die Bezugspersonen. In diesem Buch sind meine persönlichen Erfahrungen zusammengestellt. Es erhebt keinen Anspruch auf Vollständigkeit.

In Fortbildungen für Erzieher*innen ermögliche ich anhand von vergleichbaren Situationen im Erwachsenenleben, Anregungen zur Selbsterfahrung und Möglichkeiten der Selbstreflektion einen Zugang in die besondere Welt eines Kindes mit Wahrnehmungsbesonderheiten. Aus den Reihen des pädagogischen Fachpersonals wurde die Bitte nach einem Buch an mich herangetragen. Dieser Bitte komme ich gerne nach.

Aber warum eigentlich nur für Fachpersonal? Diese Frage stellte ich mir. Immer wieder durfte ich erleben, wie dankbar Eltern und andere Bezugspersonen für Informationen und das Erkennen von Zusammenhängen waren. Als mich dann noch Nachfragen seitens der Fortbildungsteilnehmer*innen nach einem Buch erreichten, konkretisierte sich die schon schlummernde Idee.

So ist dieses Buch entstanden. Es ist erzählend geschrieben. So, als würden wir einen Tee oder Kaffee zusammen genießen und uns zu diesem Thema austauschen. Es ist für Mama und Papa, Oma und Opa, Tante und Onkel und Nachbarn geschrieben. Für alle Menschen, die bereit und interessiert sind, Kinder (oder Menschen überhaupt) wirklich zu verstehen, sich in sie einzufühlen, damit ein guter Kontakt gelingen kann und nahe Beziehungen entstehen können. In solch einem guten Kontakt bekommen Kinder in ihrer

Individualität angemessene Entwicklungsmöglichkeiten und können sich und ihr Umfeld positiv erfahren.

Mit einem Verständnis für ihre Besonderheiten können wir ihnen gerecht werden.

Es wäre schön, wenn sich bei der Lektüre dieses Buches das Gefühl der Nachvollziehbarkeit bei Ihnen einstellen kann. So kann Ihr persönlicher Umgang mit Besonderheiten bei sich selbst oder bei anderen sicher für alle Beteiligten ein Gewinn sein.

Die Fallbeispiele in meinem Buch entspringen meiner praktischen Arbeit, die Namen der Kinder dagegen sind beliebig.

Einleitung

Sprechen wir von Wahrnehmung, denken wir zunächst an Sehen, Hören, Schmecken, Riechen. Diese Sinne ermöglichen eine Kommunikation mit der Umwelt.

Für eine gelungene Interaktion mit allem, was wir von außen wahrnehmen, ist die Verarbeitung der Reize, die wir aus uns selbst heraus empfinden, die Grundlage. Diese Sinne sind unsere Basis. Deshalb nennt man sie auch Basissinne. Sie verarbeiten Reize, die direkt auf den Körper treffen oder in seinem Inneren entstehen.

Diese Sinne lassen uns Berührungen fühlen, halten uns im Gleichgewicht und geben uns Auskunft über uns selbst, sodass wir uns sogar visuell von der Umwelt abschotten und mit geschlossenen Augen bewegen können. Sie sind eingeladen, sich diesem Thema ungezwungen zu nähern. Stellen Sie sich vor, wir sitzen gemütlich zusammen. Wir unterhalten uns über Kinder mit ihren Eigenarten. Selbstreflektierend könnten wir auch über uns selbst und unsere Eigenarten sprechen. Doch in diesem Buch geht es um Kinder.

Während des Erzählens bemerken wir, dass jede Eigenart ihren eigenen Grund hat. Versteht man die Gründe des Gegenübers, ist sein Verhalten oder sind seine Vorlieben nicht mehr eigenartig, sondern gut nachvollziehbar. So, wie es zum Beispiel klar verständlich ist, dass jemand eine Brille oder ein Hörgerät benötigt, um ein deutliches Abbild der Welt zu erhalten. Ohne Brille würde er einiges nicht sehen und kleinere oder größere „Unfälle“ könnten geschehen. Ohne Hörgerät würde jemand vieles nicht verstehen und daher nicht antworten oder aber nur einige wenige Begriffe verstehen und ohne Zusammenhang antworten. Wenn ihm das Zuhören zu anstrengend wird, zieht er sich zurück. Wenn das Gegenüber von der Hörschwäche weiß, kann es diese Reaktionen gut einordnen und angemessen damit umgehen. Weiß er es nicht, könnte er den hörschwachen Menschen missverstehen und ihn für sonderbar halten.

In diesem Buch geht es um Kinder, die es etwas oder sehr viel schwerer haben als andere Kinder. Die um ihre Wahrnehmungsbesonderheit nicht wissen, die aber im Laufe ihres Lebens sehr wahrscheinlich spüren werden, dass sie …, ja, was denn eigentlich? Dass sie anders sind? Gehemmter? Völlig ungehemmt? Irgendwie anders als ihre Spielkameraden. Vielleicht bewegen sie sich nicht gerne, mögen keine lauten Geräusche oder können bestimmte Materialien nicht auf ihrer Haut ertragen. Einige Kinder merken nur, dass sie weniger Freunde haben, als sie gerne hätten, oder Kinder und auch Erwachsene unfreundlich auf sie reagieren. Die Welt erscheint ihnen manchmal so kompliziert. Manche Kinder machen oftmals keine oder nur wenige schöne Erfahrungen im Hinblick auf Freunde, Hobbies, Beziehungen oder vieles andere.
Das Umfeld des Kindes könnte wahrnehmen, dass ein Kind z.B. deutlich schneller ermüdet als andere Kinder oder aber gar nicht ermüdbar ist, es insgesamt gestresster oder auch unbeteiligter reagiert. Gerne werden Kinder in Denkschubladen gepackt: Sie sind schlecht erzogen, frech, introvertiert usw. Es ist menschlich: Das, was man wahrnimmt, hält man auch für wahr.

In diesem Buch erfahren Sie die möglichen Hintergründe des kindlichen Verhaltens. Mit diesem Verstehen bauen Sie sich und Ihrem Kind ein Geländer für den Weg ins Leben.

Viel Spaß!

Das Kind und sein Umfeld

In den ersten Lebensjahren besteht das Umfeld des Kindes in erster Linie aus den Eltern. Bei nicht „glatt“ verlaufender Entwicklung spüren diese, dass etwas in der Interaktion mit ihrem Kind anders ist. Wenn Eltern das Verhalten ihres Kindes nicht einordnen können, bleibt ein diffuses Gefühl. Sie werden mit der Zeit hilfreiche oder weniger hilfreiche Strategien entwickeln, um sich und dem Kind den Alltag erträglicher und leichter zu machen. Eltern lieben ihr Kind. Sie werden sich im besten Fall mit den Eigenarten ihres Kindes auseinandersetzen, um ihm ein wohliges Kennenlernen unserer Welt zu ermöglichen. Im nicht so guten Fall werden sie sich unbewusst weigern, sich angemessen mit den Eigenarten des Kindes auseinanderzusetzen. Aus Unwissenheit und Hilflosigkeit entsteht der Wunsch, unangenehme Situationen als normal einzuordnen, sie überspielen Unangenehmes oder stellen ihr Kind durch unangemessene Forderungen bloß.

Empathische Eltern können sich leichter in ihr Kind und sein Erleben hineinversetzen. Manchmal verschwimmen die Grenzen zwischen ihnen und ihrem Kind, sodass sie sich mit ihrem Kind identifizieren. Es gibt Eltern, welche die Ungerechtigkeiten – aus der Sicht des Kindes – in der äußeren Welt suchen und finden. Die anderen Kinder sind zu wild, der Kindergarten ist unfähig, die Lehrer*innen sind zu streng oder zu lasch, das Umfeld zu störend, usw. Sie gehen mit ihrem Kind in den „Ausweg“, vieles zu vermeiden, und unterfordern das Kind auf Dauer.

Andere Eltern werden möglicherweise eher verärgert auf ihr Kind reagieren.

Warum stellt es sich auch so an? Warum hat es keine Freunde? Und sie als Familie damit auch weniger Freunde? Das Kind wird nicht eingeladen. Die Eltern fühlen sich daher ebenfalls oft ausgeschlossen. Das Kind bringt schlechte Noten nach Hause. Und dabei geben sie als Eltern doch nur ihr Bestes!

Der verständliche Wunsch der Eltern, dass die Entwicklung des Kindes „normal" verläuft, wird nicht erfüllt. In diesem Ärger kann es zu einer Überforderung des Kindes kommen.

Eine andere Möglichkeit ist, dass den Eltern das Verhalten ihres Kindes peinlich ist. Dann reagieren sie genervt oder gestresst, vielleicht überspielen sie ihr Unwohlsein auch und wirken unklar auf das Kind. Manche Eltern machen sich lustig über das Unvermögen des Kindes. Wie auch immer: Jede nicht wohlwollende Reaktion wird sich auf die Atmosphäre zwischen Eltern und Kind belastend auswirken. Wenn wiederum das Verhalten ihres Kindes die Eltern eher glücklich macht, werden diese wohl eher stolz auf ihr Kind sein. Sie sind mit sich als Eltern zufrieden. Die familiäre Atmosphäre ist friedlich.

Mögen Sie sich für kurze Zeit hineinversetzen, wie es ist, wenn Sie dauerhaft mit einem bestimmten Blick angeschaut werden? Ist der Blick positiv auf Sie gerichtet, ist vieles leicht. Sie fühlen sich befähigt und ermächtigen sich letztendlich selbst.

Was aber, wenn Sie stets mit der Erwartung des Scheiterns angesehen werden. Wenn Ihnen kleine und größere Misserfolge sehr deutlich gemacht werden? So deutlich, dass alle um Sie herum das auch mitbekommen. Und diese Menschen dann auch schon die Augen verdrehen, wenn zum wiederholten Male, oder auch ausnahmsweise, etwas nicht gelingen will.

Schließen Sie mal kurz die Augen und stellen sich das vor.

Sehr unangenehm, oder? Und Sie haben nicht einmal die Möglichkeit „die Party zu verlassen". Und so geht das jeden Tag weiter.

Wie viele Tage würden Sie brauchen, um einen Stein in der Magengegend zu spüren? Keine Lust mehr haben, sich dem auszusetzen? Wann würden Sie so traurig oder wütend werden, oder … oder … dass Sie nicht mehr offen mit anderen Personen umgehen könnten.

Wie lange müsste Ihnen verbal oder nonverbal mitgeteilt werden, dass Sie beispielsweise eine Heulsuse sind, um dieses Bild auch zu bedienen, also wirklich wie eine „Heulsuse" reagieren? Denn die Eltern haben doch immer Recht, oder? Wer, wenn nicht sie, muss es denn wissen (aus Kindersicht)? Das wäre selbst für uns Erwachsene schwer. Dabei haben wir Erwachsenen noch die Möglichkeit, uns gefühlsmäßig (vorübergehend) zu distanzieren. Erstmal sortieren und dann verstehen, was da vor sich geht. Erwachsene können im besten Fall Strategien entwickeln oder sich Hilfe holen. Im ungünstigen Fall werten sie sich selbst ab, immer wieder aufs Neue und kommen mal mehr oder weniger gut zurecht.

Ein Kind im Alter von drei Jahren kann nicht reflektieren. Ihre Welt erleben sie als „so ist das" – als Wahrheit. Ihre ureigenste Wahrnehmung ist ihre Wahrheit. Der Blick der Eltern ist die Grundlage für ihr Selbstbewusstsein.

Können Sie schon ein Gefühl zu diesem Thema entwickeln? DAS könnte ein wichtiger Schlüssel sein. Ein Schlüssel? Ja, für wen?

Zum einen für das Kind, aber auch für die Eltern. Weiterhin auch für die Geschwister und alle, die mit dem Kind umgehen. Je jünger das Kind ist, desto kleiner der Kreis der Bezugspersonen. Da gibt es die Familie mit Großeltern, Verwandtschaft, vielleicht auch mit Cousinen und Cousins. Sind die Cousinen und Cousins auch noch im gleichen Alter, sind aber schon weiterentwickelt, hat die Familie je nach Selbstbewusstsein der Eltern ein Problem. Woraus speist sich dieses Selbstbewusstsein?

Es speist sich aus sehr vielen unterschiedlichen Faktoren. Zum Beispiel aus eigenem Annehmen, Empathie, Status innerhalb der Familie und natürlich Wissen und Verständnis. Schon ist man mitten in einem vielfältigen System. Mögen Sie sich hineinversetzen, wie es sich anfühlt, als gute Mutter oder guter Vater gesehen zu werden oder aber als „unfähiger“ Vater, „unfähige“ Mutter? Wie viel Gelassenheit können die meisten Eltern dann noch aufbringen? Jede kleine Unvollkommenheit fühlt sich größer in Ihnen an. Und das wird etwas mit Ihnen machen. – Oder?

Spüren Sie da mal hinein. Sie meinen es so gut mit der Erziehung Ihres Kindes, geben Ihr Bestes. Im besten Fall gehen alle verständnisvoll miteinander um, haben Zuversicht und finden sich trotzdem „klasse“ als Familie. Das tut den Eltern genauso gut wie dem Kind, wenn es „klasse“ gefunden wird, obwohl …

Aus meiner Erfahrung in der Arbeit mit Familien gibt es verschiedene Wirkungen auf das Umfeld, wenn das eigene Kind als „klasse“ angesehen und entsprechend behandelt wird. Viele Erzieher*innen haben – so meine Erfahrung – das Gefühl, das Kind mal wieder „auf den Boden“ holen zu müssen. Wissen Sie, wovon ich schreibe?

Was für Sie vielleicht jetzt schon zu erkennen ist: Es geht um viel mehr als um das Kind, das Schwierigkeiten hat.

Zunächst kümmern wir uns um ein allgemeines Verstehen, dass es so etwas wie Besonderheiten in der Wahrnehmung gibt, um einen Blick in die Welt des Kindes zu erhalten.

Gibt es Wahrnehmungsschwierigkeiten?

Stellen Sie sich vor, Sie gehen auf eine Party. Der Gastgeber stand stundenlang in der Küche, um seinen Gästen eine leckere Suppe anzubieten. Er hat sich für eine Spinatsuppe entschieden. 50 Gäste sind eingeladen. Wie viele Gäste freuen sich sehr über die Spinatsuppe? Welche Zahl kommt Ihnen dabei in den Sinn?
Der Gastgeber mag diese Suppe mit Sicherheit überaus gerne. Er möchte seinen Gästen eine Freude machen.

Macht er aber allen Gästen eine Freude? Mögen Sie selbst Spinatsuppe? Ja? Wieso eigentlich? Nein? Wieso eigentlich nicht? Es gibt zahlreiche Gründe, Spinatsuppe zu mögen oder halt nicht. Weckt sie vielleicht Erinnerungen an jemanden, der oft Spinatsuppe kochte und Sie haben sich dort wohl gefühlt? Dann werden Sie diese Suppe eher mögen. Verbinden Sie aber keine gute Erinnerung mit dieser Person, steigt die Wahrscheinlichkeit, dass Sie diese Suppe nicht mögen. Der Grund ist eher im Bindungsverhalten zu finden, hat aber die Wirkung, dass die Suppe anders wahrgenommen wird. Es kann sein, dass Erziehungsmaßnahmen beim Essen besonders gekoppelt wirken, sowohl in positiver als auch negativer Ausprägung. Es kann so viele Gründe geben! Psychosoziale, anatomisch-physiologische, neuronale Gründe u.v.m. können eine Rolle spielen. Doch wenden wir uns dem Aspekt der Wahrnehmung zu.

Es gibt Menschen, die können die Konsistenz einer Suppe an sich schon nicht leiden. Sie ist im Mund nicht klar zu erfühlen. Da gibt es so ein Durcheinander im Mund. Suppig, fest, unklar – bäh! Oder aber cremig, flüssig – lecker.

Woran erkennt man, dass die Suppe nicht bei jedem gleich gut ankommt? Das ist offensichtlich: Ein Teil der Gäste auf der Party wird sich gerne noch einen Nachschlag holen, ein anderer Teil der Gäste wird nach etwas anderem auf dem Buffet Ausschau halten. Weitere Gäste werden mal einen Teller probieren, positiv überrascht sein und mutiger werden. Andere Gäste werden in ihrer Vorsicht bestätigt und essen anstandshalber einen Teller Suppe auf. Oder aber sie lassen den Teller Suppe stehen oder bringen ihn heimlich in die Küche. Haben Sie noch weitere Ideen?

Als Erwachsene sind wir fein raus. Unser Verhalten wird akzeptiert. Mag jemand keine Suppe, wird er nicht gedrängt. Ihm wird eine Alternative angeboten. Hat man keine, entschuldigt man sich sogar eher dafür, dass man keine Alternative hat. Man diskutiert nicht mit dem Gastgeber, ob es richtig oder falsch ist, Suppe zu mögen.

Alles so weit richtig – können Sie jetzt denken. Aber was hat das mit dem Thema zu tun?

Es liegt an der eigenen Wahrnehmung, ob die Suppe schmeckt oder nicht. Die Suppe selbst kann da nichts für. Die Suppe ist etwas, was Ihnen angeboten wird (ein Reiz). Sie erkennen an sich und den anderen Partygästen eine Reaktion (die Reizantwort) – sie wählen etwas anderes, lehnen ab oder aber nehmen einen Nachschlag.

Zwischen dem Reiz (Suppe) und der Reizantwort (Reaktion) ist viel passiert.

Das hat eben mit unserer Wahrnehmung zu tun. Und die funktioniert bei jedem unterschiedlich. Wir als Gastgeber spüren oder sehen nur: Meinem Gast schmeckt es oder es schmeckt ihm nicht.

Was aber, wenn Sie drei oder vier Jahre alt sind und etwas Suppiges im Mund einfach nicht vertragen. Wie äußern Sie das? Sicher nicht so erwachsen, sondern eher mit „iiih, bäh“. Oder aber jammern, weinen, weglaufen, die Suppe umkippen, sich verstecken.

Kommen Sie damit durch? Werden Sie verstanden? Wird Ihre Not verstanden? Oder krempeln sich jetzt die Erziehenden die Ärmel hoch, um das Kind zu erziehen, ohne jegliches Verstehen? Hat der Erziehende selbst kein Problem damit, eine Suppe zu essen, steigt die Wahrscheinlichkeit, dass er keine Ahnung hat, was in dem Kind vorgehen kann. Mag der Erziehende selbst auch keine Suppe, wird er sich natürlich leicht in das Kind hineinversetzen können. Jetzt ist er involviert, und an einer Hilfestellung für das Kind interessiert – weil er die Not nachvollziehen kann. Das Kind wird gesehen, jemand interessiert sich für das Wohlergehen. Es werden Wege gesucht und gefunden.

Ich möchte noch einen anderen Vergleich anbieten.

Als Kind saßen Sie vielleicht gerne auf einer Schaukel. Konnte es Ihnen nicht hoch genug gehen? Möglicherweise haben Sie sich den Spaß bis heute erhalten.

Sie laden heute, im Erwachsenenalter, zu einem Anlass Ihre Freundinnen und Freunde in einen Freizeitpark ein, mit vielen Schaukeln, Achterbahnen und ähnlichen Attraktionen. Sie werden vielleicht verdutzt und irritiert sein, wenn nicht alle Ihre Vorliebe teilen. Manchem wird schon beim Gedanken an eine Achterbahn schlecht.

Woran erkennen Sie das?

Der Reiz (Schaukel, Achterbahn, Leiter) stellt für uns eine besondere Herausforderung dar. Die Schaukel an sich ist bei mir nicht anders als bei Ihnen, bei einem schaukelfreudigen Kind nicht anders als bei einem nicht-schaukelfreudigen Kind.

Der Reiz ist und bleibt gleich. Wir verarbeiten ihn anders und deshalb reagieren Menschen so unterschiedlich auf diesen Reiz, auf dieses Angebot.

Wieder sind wir als Erwachsene fein raus. Wir haben einerseits gelernt unsere Gefühle wahrzunehmen und auszusprechen. Andererseits können wir sehr sicher sein, dass unser Nicht-Wollen akzeptiert wird. Wir Erwachsene würden mitteilen, dass wir das nicht mögen. Als Gastgeber würden sie das akzeptieren. Oder würden Sie Ihren Gast einfach in die Gondel setzen, mit dem Hinweis, dass Achterbahnfahren einfach großartig ist! (Wenn Sie es doch täten, würde Ihr Gast Ihr Freund bleiben?) Und heißa – dann gleich noch eine Runde fahren? Was meinen Sie? Wie geht es einem drei- oder vier-, fünf-, sechs-, siebenjährigen Kind? Je jünger desto eher heißa, oder?

Statt Achterbahn kann auch schon ein Gefühl von Höhe, beispielsweise auf einer Leiter, auslösen, dass sich ein Kind fast übergeben muss. Ebenso die Schaukel, das „Hoppe-Hoppe-Reiter-Spiel" und ähnliche Kinderspiele. Schaut man nicht, wie ein Kind reagiert, können wir es ordentlich in Schwierigkeiten und sogar in Not bringen. Verträgt ein Kind diesen Reiz nicht, fühlt es sich in die Enge gedrängt; es FÜHLT womöglich Angst und Panik, Übelkeit und Unsicherheit. Kinder WISSEN noch nichts über ihre Besonderheiten. Sie können es uns auch nicht sagen. Sie empfinden die Welt so, wie sie diese nun mal empfinden. Das ist für sie normal. Was sie wahrnehmen ist ihre Wahrheit. Wie bei jedem von uns. Genauso wie für Sie und mich. Wir Menschen lernen über die Jahre, dass jede*r anders tickt. Wir lernen uns und andere Menschen kennen, ihre Vorlieben und Abneigungen.

Kinder benötigen Zeit, um das zu lernen. Das ist ihnen nicht in die Wiege gelegt. Sie fühlen halt so, wie sie nun mal sind. Um uns selbst zu akzeptieren, müssen wir von anderen akzeptiert werden. So formt sich unser Selbstbild.

Wir fassen nochmal zusammen:

Äußere Reize sind für jeden gleich. Sie erzielen nur unterschiedlichste Wirkungen. JEDER empfindet Nuancen an einem Reiz anders, oftmals auch mehr als Nuancen. Für diese Empfindungen ist die Verarbeitung der Reize zuständig. Und bei unterschiedlicher Verarbeitung kommen halt auch verschiedene Ergebnisse heraus. Damit meine ich Reaktionen.

Keiner kann etwas dafür.
Aber alle sind an den Auswirkungen beteiligt.

Und so kann sich das anfühlen:

Berührungen

Taucheranzug und Sandstrand

Jetzt ist wieder Ihre Vorstellungskraft gefragt: Sie sitzen in Ihrem Taucheranzug am Strand, weil Sie sich gerade eine Pause vom Surfen gönnen. Ein Insekt lässt sich auf Ihrer Schulter nieder. Ein aufmerksamer Begleiter wedelt – für Sie plötzlich und ohne erkennbaren Grund – vor Ihrer Schulter mit seiner Hand etwas hektisch hin und her. Sie waren gerade in Gedanken und haben sich erschrocken.

Diese Situation ist bestimmt kein wirkliches Problem für Sie. Sie können die Situation gut erfassen, verstehen die Sinnhaftigkeit und Fürsorge der Begleitung. Sie können sich von dem kleinen Schreck schnell wieder erholen und genießen weiter den Ausblick auf das Meer.

Berührungsunterempfindlichkeit

„Auf euch wirke ich dickfellig und unberührbar“

Versetzen wir uns mal in die Lage eines Kindes, das ein Taucheranzuggefühl hat, weil es im Berührungssinn unterempfindlich ist. Schlüpfen Sie in Ihrer Fantasie in einen dicken Taucheranzug.

Dieser gefühlte „Taucheranzug“ ist nicht zu sehen. Das Kind sieht nicht anders aus und natürlich ist „der Taucheranzug“ auch für niemanden anderen sichtbar. Weil es nur ein Gefühl ist, bzw. eine undeutliche Reizweiterleitung zum Gehirn, wo jede Berührung interpretiert wird.

In der Fachsprache nennt man diese und ähnliche Schwierigkeiten *Sensorische Integrationsstörung.*

Sie sitzen in diesem dicken Taucheranzug am Strand und ein Insekt lässt sich auf Ihrer Schulter nieder. Das Insekt, d.h. der Reiz, wird von Ihnen nicht wahrgenommen. Das hat nichts mit dem Insekt zu tun. Sie spüren das Insekt nicht. Sie werden folgerichtig auch keine Reaktion auf das Insekt zeigen. Bleiben wir bei der Vorstellung, dass Sie einen Taucheranzug anhaben, der die gesamte Haut bedeckt, auch das Gesicht. Ja, sogar die Zunge umschließt er.

Wie oft am Tag würden Sie sich erschrecken, wenn jemand eine Fliege von Ihrem Körper verscheucht, Sand von Ihnen abklopft, an der verrutschten Kleidung zupft, die Spuren vom Mittagessen aus dem Gesicht wischt.

Sie sind drei oder vier Jahre alt und haben die Sinnhaftigkeit noch nie erspürt. Sie spüren halt keine Fliege, keinen

Sand, die runtergerutschten Socken oder Kartoffelpüree im Gesicht. Sie spüren es nicht! Sie wären jedes Mal irritiert, wenn jemand plötzlich etwas wegwischt, das Sie nicht einmal wahrgenommen haben. Irritation, Erschrecken, Störung – und das möglicherweise mehrmals am Tag.

Wenn Sie erwachsen sind, wird Sie jemand vorher ansprechen. „Du hast dort etwas …“ Sie hätten die Gelegenheit hinzusehen, es selbst zu bemerken und entsprechende Maßnahmen zu ergreifen. Sie würden einen Zusammenhang herstellen können.

Der Blick des Gegenübers macht auf einmal Sinn, seine Worte stimmen mit dem überein, was Sie selbst erkennen und woraufhin Sie selbst den Wunsch haben etwas zu verändern, beispielsweise den Mund sauber zu haben oder eine Fliege zu verscheuchen. Alles macht für Sie Sinn.

Bei Kindern wird üblicherweise „gehandelt“. Eben mal die Hose richtig hochgezogen; eben mal den Pulli ausgeklopft; eben mal mit einem feuchten Lappen durch das Gesicht gegangen. Wir müssen nicht über die guten Absichten sprechen. Die sind uns allen klar. Aber können Sie sich in das Kind einfühlen? Hier gezupft, dort gewischt – aus heiterem Himmel und ohne ersichtlichen bzw. fühlbaren Grund für das Kind? Immer wieder am Tag, ohne Vorwarnung, ohne Ankündigung. OK, wenn es denn schon sein muss. Auf welche Art und Weise würden Sie sich das aber wünschen? Sicher doch eher dezent, begleitet von einem freundlichen Blick, der signalisiert: Ist nicht so schlimm, ist mir auch schon oft passiert. Wie erleben Kinder solche Situationen aber?

Nehmen wir einmal an, dieses vierjährige Kind hat in der Kita oft nach dem Essen das Gesicht verschmiert. Dann erinnern Sie sich – auch die Zunge ist von diesem „Taucheranzug“ umhüllt. Und eine so umhüllte Zunge kann kein Feingefühl entwickeln, auch die Lippen nicht. Das Püree wird nicht deutlich gespürt.

Es könnte sich so anfühlen wie das Gefühl nach einer Betäubung einer Zahnbehandlung. Haben Sie mit dieser Betäubung schon einmal probiert, etwas zu essen? Sie sähen wohl genauso verschmiert aus. Und nicht nur das.
Der Zahnarzt empfiehlt Ihnen während der Betäubung nichts zu essen, weil er weiß, dass Sie kein Gefühl haben und sich möglicherweise im Mund verletzen würden. Sie könnten sich auf die Zunge oder in die Wange beißen und würden es nicht spüren. Sie könnten Nussschalen oder Fremdkörper, die eigentlich nicht ins Essen gehören, nicht erfühlen und würden sie runterschlucken oder Sie würden sich vielleicht einen Zahn ausbeißen.

So kann es sich für Kinder mit diesen Besonderheiten anfühlen. Nicht nur für die nächsten zwei Stunden, bis die Betäubung sich gelegt hat. Bei einer Integrationsstörung ist es ein dauerhaftes Gefühl. Die Kinder wissen nur nichts darüber. Und ihre Eltern meistens auch nicht. So wird ihre Besonderheit nicht erkannt. Kinder können oft nicht gut kauen, Suppenartiges essen oder deutlich artikulieren. Ja, sie könnten durch unvorsichtiges Kauen aus dem Mund bluten (für Kinder eine schlimme Situation) und würden die Welt nicht mehr verstehen. Für das Kind gibt es keinen Zusammenhang.

Kinder, bei denen diese Unterempfindlichkeit besteht, erleben diese Situation als etwas, was plötzlich geschieht. Für das Kind grundlos, ohne Zusammenhang, immer wieder. Es hat keinen Einfluss darauf. Es passiert einfach. Das Kind wird es das nächste Mal auch nicht einfach vermeiden können, indem es sich anstrengt oder aufpasst. Sein Gehirn erhält nicht die nötigen Informationen über das Geschehen im Mund.

Es blutet also aus dem Mund. Oder wählen wir die alltäglichere Situation: Das Mittagessen klebt noch im Gesicht.

Nun richten wir den Blick auf das Umfeld des Kindes. Beim ersten Mal wird ihm sicher ohne großes Aufsehen geholfen, den Mund wieder sauber zu machen. Nun ist das aber jeden Tag so. Was glauben Sie, wie das Kind diese Situation erlebt? Was erlebt es und vor allem WIE?

Menschlich verständlich ist der Mehraufwand, zum Beispiel des Erziehenden. Sie haben sowieso viel zu tun und dann das auch noch! (Okay, diese Situation sind Sie vielleicht gewohnt. Übertragen Sie es auf eine beliebige Situation, beispielsweise zieht das Kind die Schuhe immer verkehrt herum an.)

Kein Mensch bringt es über sich (oder doch?), jeden Tag das Kind lachend oder zumindest lächelnd und liebevoll zur Seite zu nehmen, mit ihm gemeinsam in den Spiegel zu sehen und mit ihm zu überlegen, was jetzt zu tun ist. Eher schaut das Kind in ein genervtes Gesicht und hört Worte wie: „Ich habe dir doch schon hundert Mal gesagt, ...!“

Andere Kinder werden unabsichtlich auf das Geschehen aufmerksam. Und wetten, schon bald ahmen die Kinder ihre Erzieher*innen nach. Schlimmer noch, sie finden ihre eigenen Bezeichnungen.

Das Kind erhält innerhalb der Gruppe ungewollt diesen bestimmten Status. Damit verselbstständigt sich dieser Status sogar oft. Auch wenn das Kind längst hinzugelernt hat, wird es möglicherweise noch Spott ernten.

Es meint keiner böse, es macht niemand extra. Dennoch passiert das sehr häufig.

Wenn Sie ein Kind wären und nach jedem Essen Spott und Genervtheit ernten würden, wie sehr würden Sie sich auf das Essen freuen? Sehr sensible Kinder könnten sogar eine Essstörung entwickeln. Verstehen Sie, warum? Auch Kinder wollen gut dastehen, ihr Gesicht wahren. Sie empfinden Scham, gerade Kinder. Denn wenn der Erwachsene sein Urteil fällt, hat er aus Kindersicht wohl Recht. Schließlich ist er der Erwachsene. Das ist eine normale Denkweise für ein Kind.

Natürlich hängt es auch mit dem „persönlichen Strickmuster“ und dem Temperament des Kindes zusammen. Ein sensibles Kind wird stärker darunter leiden als ein – sagen wir mal – robusteres Kind.

Ist das Kind aber robust und nimmt sich die Kritik nicht so zu Herzen, fühlt sich das Umfeld manchmal leider auch geärgert. Man sagt etwas, ... und es geht hier rein und dort wieder raus… Dann muss der Erziehende wohl deutlicher werden.

Um aufkommenden Ärger in hilfreiches Verhalten umzuwandeln, ist Verstehen grundlegend. Kinder reagieren immer logisch. Sie agieren bei Unterempfindlichkeit Reiz suchend, bei Überempfindlichkeit Reiz vermeidend. Unser Gehirn benötigt bis zum siebten Lebensjahr sinnliche Reize zur Reifung. Etwa ab dem Schulalter erwerben wir durch diese Grundlage des sinnlichen Erlebens unsere Abstraktionsfähigkeit.

Versetzen wir uns in ein berührungsunterempfindliches Kind hinein, das am Strand sitzt und ebenso Spaß haben möchte wie „andere“ Kinder. Was könnten Sie dann tun?

Sie würden so gerne etwas spüren, was Sie um sich herum sehen. Wenn es Ihnen also möglich wäre, würden Sie sich gerne den Taucheranzug vom Leibe reißen um Sand, Wasser und Luft zu spüren. Kinder machen das häufig. Sie ziehen ihre Kleidungsstücke instinktiv aus, um mehr zu spüren. Nun, es geht nicht. Sie versuchen sich damit im Sand zu wälzen; sich mit Matsch zu umgeben; sich in die Wellen zu werfen. Was anderen fast wehtun würde, würden Sie erst fühlen können. Auch würden Kinder, die wenig Reize von außen fühlen können, instinktiv noch über das Babyalter hinaus Gegenstände in den Mund nehmen. Eine weitere Möglichkeit ist „alles anzufassen“. Fingerspitzen und Zunge sind die empfindlichsten Stellen am Körper und für diese Kinder länger als für andere Kinder ein Tor zur fühlbaren Welt.

Und jeder möchte etwas fühlen. Jeder.

So geben Sie nach außen ein Bild ab, was jeder Erwachsene, der nichts von ihrer Reizsuche ahnt, nicht einordnen kann. Er würde ermahnen, nicht so wild zu sein oder besser aufzupassen, die Kleidung nicht so dreckig zu machen.

Wenn Sie das Kind wären, würden Sie die Wünsche der Erwachsenen nicht mit Ihrem Gefühl übereinander bringen können. Sie möchten die Mitwelt erfahren und spüren und ernten dabei Schimpfe und Ermahnungen. Je nach Temperament nehmen Sie das Geschimpfe in Kauf und erfahren die Mitwelt auf Ihre Weise. Oder Sie befolgen die Ermahnungen und experimentieren mit der Zeit immer weniger. Schließlich wollen Sie von Ihren Eltern als großartiges Kind gesehen werden.

Meine Beispiele sind nicht als Bewertung oder Schuldzuweisung zu verstehen. Es geht nur darum, sich in solch ein Kind hineinzuversetzen und zu spüren. Und dann eigene Schlüsse daraus zu ziehen.

Praxisbeispiel Unterempfindlichkeit

Paula

Zum Verständnis: Paulas Wahrnehmung im taktilen Bereich, also im Bereich der Berührungen, ist unterempfindlich. Bildlich gesprochen ist ihr gesamter Körper von einem dicken Taucheranzug überzogen. Sie spürt Berührungen erst, wenn sie fest genug sind.

Dass Paula sehr wahrscheinlich eine deutlich höhere Schmerzgrenze hat als viele von uns, erkenne ich schon an den vielen Schrammen und blauen Flecken, die sie sich immer wieder einhandelt. Fröhlich kommt sie zu den Fördereinheiten und nicht selten geht sie mit weiteren Schrammen wieder aus diesen heraus. Das liegt nicht an einer mangelnden Aufsichtspflicht, sondern an ihrem unkoordinierten Verhalten.

Das Umfeld von Paula nahm schon längere Zeit wahr, dass Paula insgesamt recht ungeschickt bzw. reizsuchend wirkte und sie sich immer wieder kleine Verletzungen zuzog. So kam Paulas Familie zu uns ins Frühförderzentrum.

Paulas Stimmungen wechseln häufig in den gemeinsamen Stunden im Frühförderzentrum.

In den ersten beiden Stunden beachtet Paula mich weniger, den Raum dagegen sehr. Sie schwingt sich die Sprossenwand hinauf, ohne allzu genau hinzusehen, wo und wie ihre Füße landen. Es scheint, als würde sie mit ihrem ganzen Körper die Materialien und Gegenstände im Raum erkunden. Sie lacht, doch ihre Schienbeine bekommen die nächsten Schrammen und blauen Flecken. Ihr Körper sucht förmlich nach Reizen.

Bald setze ich zu Beginn einer jeder Stunde ein Taktil-Körbchen ein, einen Korb mit verschiedenen Materialien. Paula darf sich ein Material aussuchen, was ihren Körper begrüßen wird. In diesem Körbchen liegen grobe Pinsel, Topfschwämme, Haarbürsten aus Stahl, Plastik- und Pferdehaar, Körperbürsten und Kämme aus unterschiedlichen Materialien, aber auch weiche Bürsten, weiche Pinsel, Felle, flauschige Pfeifenreiniger und Federn.

Intuitiv greift Paula zu festen, harten Materialien. Sehr feste reibt sie damit ihren Körper ab. Paula möchte auch mich mit der harten Bürste abbürsten. Dabei erhält sie von mir genaue Informationen über meine Befindlichkeit. Mit meiner Wahrnehmung biete ich ihr ein anderes Bild an. Bei diesen sich wöchentlich wiederholenden „Abreibungen" lernt Paula nach und nach, behutsamer mit mir umzugehen. Ich gebe ihr dabei Unterstützung, indem ich mich ihr mitteile, ohne unfreundlich zu werden und so unsere Beziehung zu riskieren.

Paula kann neue taktile – die Berührung betreffend – und soziale – ich bleibe ihr zugewandt – Erfahrungen machen. Sie lernt auf mein Bitten hin nach und nach mit Behutsamkeit vorzugehen. Sie versichert sich immer häufiger, ob es mir gut geht bei diesen Übungen. Paula kann immer differenzierter auf meine Antworten eingehen.

Wenn ich Paulas Körper mit einem Material begrüße, geschieht das in den ersten Stunden so angemessen fest, dass sie die Berührungen gut fühlen kann. Schon nach wenigen Einheiten beginne ich zartere Reize zu setzen, so dass Paula sie gerade noch gut wahrnehmen kann. Mit der Zeit dosiere ich durchgängig feiner. Ihre Sensibilität wird ebenso feiner. Im Therapieraum gibt es wenig, was sie ablenkt. Wenig

Geräusche, keine Spielsachen, keine Spielszenen mit anderen Kindern. Nur volle Konzentration auf das eine Material, präsenter Blickkontakt zu mir und mein Blick, der ihr sagt, dass alles in Ordnung ist. Ich bin eine Art Übersetzerin für sie. Ist ihr Blick irritiert, benenne ich kurz, was los ist, zum Bespiel: „Das fühlt sich für dich nicht so gut an. Möchtest du es deutlicher spüren?“. Oder: „Am Bein magst du es gerne spüren, aber am Arm nicht so gerne.“ Ich ermuntere sie sich genauer auszudrücken. So lernt sie sich selbst besser kennen und erlernt Möglichkeiten, sich verbal zu äußern. Mit der Hilfe von außen kann sie ihre Wahrnehmung differenzierter deuten, annehmen und mitteilen. Sie macht die Erfahrung, dass ihr Gespür stets für sie richtig und in Ordnung ist. Auch mein Gespür darf so bleiben und ist in Ordnung. Sie lernt angemessen zu reagieren.

Um ihr Feingefühl zu verbessern, lernt Paula ihren Körper bewusst und langsam zu bewegen. Tobte sie anfangs „über Stock und Stein“, darf sie nun einen Becher gefüllt mit Wasser über die Langbank transportieren. Das Wasser soll möglichst im Becher bleiben. Solche und ähnliche Aufgaben erhöhen ihre Aufmerksamkeit und ihr Feingefühl.

Nach Wochen wird aus der Einzeltherapie eine Therapiestunde für Paula und ein weiteres Mädchen. Hier erhalten beiden Mädchen ein Gegenüber, das keine Therapeutin ist. In unserem geschützten Rahmen werden weitere Erfahrungen gemacht. Paula, deren Freundinnen schnell Reißaus nahmen, erfährt, dass Begegnungen gelingen. Sie hat die Freude an der Bewegung behalten und spürt, dass sie Varianten zur Verfügung hat. Sie ist geschickter geworden. Paula hat ihre eigenen Grenzen deutlicher erfahren und kann auch die Grenzen oder Reaktionen anderer besser einordnen, verstehen und akzeptieren. In der Kita ist sie nun in der Gruppe eine willkommene Spielpartnerin.

Auch bei Paula war der gute Kontakt wichtig, das Ernstnehmen, das Angenommensein. Ich stelle ihre Wahrnehmung nicht in Frage. Alles darf sein, wie es ist, weil es im Moment genauso richtig ist für Paula. Würde man Paulas Besonderheit „nur" akzeptieren und ihr keine Gelegenheit bieten zu erlernen, dass sie feiner wahrnehmen kann, würde sich ihr Verhalten manifestieren. Würde man ausschließlich ihr Verhalten ermahnen, bekäme sie ungünstige Rückmeldungen und könnte in eine Selbstabwertungsspirale kommen. So aber wurde Paula ernst genommen und sie konnte Schritt für Schritt ihr Nervensystem anpassen. Da wir beide viel Spaß hatten und ihr meine Freude über sie auch immer wieder gezeigt wurde, konnte Paula sich jederzeit „richtig" fühlen. Ein Gefühl, was gut genährt sein möchte.

Wenn Eltern also nur die Reaktionen sehen und für oder gegen ihr Kind reagieren, ist keinem geholfen.

Verstehen Eltern und andere aber, was in dem Kind vor sich geht, und verstehen sie die Reaktionen als momentan bestes Verhalten, dann können sie ihrem Kind verständnisvoll eine Brücke bauen. Das Kind bekommt auf seinen Weg ein Geländer, an dem es sich festhalten kann. Das Geländer heißt Verstehen, Begleiten, angemessene Angebote setzen. Und mit jeder positiven Erfahrung wird es auch den nächsten Schritt wagen können!

Berührungsüberempfindlichkeit

„Auf euch wirke ich wie eine Mimose“

Gehen wir gemeinsam noch einmal an den Strand. Sie haben nur keinen Taucheranzug mehr an. Im Gegenteil, ihre Hautempfinden ist eher so empfindlich, als wenn sich nach einer Verbrennung oder ähnlicher Verletzung eine erste zarte Haut bildet.

Sie können nun kaum noch den Blick auf das Meer genießen. Der Sand ist einfach zu sandig, der Badeanzug zu piksend, die Sonne zu heiß, das Handtuch zu rau. Sie wären damit beschäftigt, sich komfortabler einzurichten. Sie würden sich nach ihrem Langarmpyjama sehnen. In diesem fühlten Sie sich so richtig wohl. Dann käme nicht so viel an Ihre Haut. Wenn Sie aber ein Kind wären, hätten Sie Ihre Eltern wahrscheinlich nicht davon überzeugen können, dass es eine gute Idee sei, in Ihrem Pyjama an den Strand zu gehen. Das Kind, dem es so geht, weiß dies auch nicht. Es kann nicht argumentieren. Es kann und wird nicht darüber sprechen. Wie auch?

Für das Kind ist es ein normales, alltäglich und allmächtiges Gefühl. Und es hat ja keinen Vergleich. Also wird ein wenig geweint, ein bisschen geschmollt, und sich letztendlich damit abgefunden. Und es sucht nach Auswegen. In diesem Fall könnte es sein, dass das Kind die ganze Zeit stehen bleibt. Im Stehen kommt am wenigsten Sand an den Körper. Es könnte auch eine Position finden und darin verharren. Oder die ganze Zeit nach einer angenehmeren Position suchen, dabei hin- und her rutschen und unruhig sein. Durch diese Unruhe könnte es seinen Begleiter*innen ganz schön auf die Nerven gehen.

Wer ist jetzt schlimmer dran? Das Kind oder sein Umfeld?

Gehen wir noch mal zur Essensituation in der Kita zurück. Erinnern Sie sich? Sie haben nun eher eine wunde und empfindliche Haut, dies betrifft auch die Lippen und die Zunge.

Nun darf das Essen für das Kind nicht zu heiß und nicht zu kalt sein. Nicht zu hart, nicht zu viele verschiedene Konsistenzen auf einmal im Mund. Das kann das Gehirn des Kindes nicht mehr interpretieren. Das wird man dem Kind anmerken. Vielleicht spuckt es das Essen wieder aus. Oder es fängt an zu weinen oder auszusortieren. Oder es isst nur einen Teil, vielleicht auch nur eine Sache nach der anderen: erst die Erbsen, dann die Kartoffeln und dann das Fischstäbchen. Wer würde darauf kommen, dass das kindliche Gehirn in diesem Moment überfordert ist? Man sieht und erkennt nur, was man weiß!

Für dieses Kind ist Essen kein Genuss. Ein kleiner Pingel halt (liebevoll gemeint). Wenn man ausschließlich meint, dass man das Kind mit Strenge an anderes Essen gewöhnen muss, übersieht man einen wesentlichen Teil. Ersetzt man Strenge aber durch Verstehen, liebevolles Begleiten, dann werden alltägliche Herausforderungen wie das Essen besser verkraftet. Das Gehirn kann sich stressfreier mit dem Lernangebot auseinandersetzen. Die Voraussetzungen sind so deutlich besser, dass das Kind mehr und mehr tolerieren kann.

Wie viele Situationen gibt es am Tag, die diese *berührungsempfindlichen* Kinder durchstehen müssen? Wie viele Minuten am Tag oder Stunden? Es handelt sich nicht um eine bestimmte Zeitspanne. Es ist jederzeit, immer und ständig.

Das Anziehen eines Kleidungsstücks fühlt sich nicht behaglich an, Haare kämmen zippt, Wasser kann als unangenehm empfunden werden. Das Essen hatten wir schon. Und sobald etwas im Gesicht oder an den Händen klebt, muss es abgewaschen werden. Für das Kind fühlt es sich überdeutlich auf seiner Haut an. Alles, was zum Spielen einladen soll, kann eine Herausforderung bedeuten. Die Fingerfarben, Schaumspiele, Knete usw. sind ekelig. Spielmaterial zu kalt, zu haarig, zu rau.

Spielpartner werden oft als zu aufdringlich empfunden. Sie fassen zu feste oder plötzlich zu. Berührungen fühlen sich unangenehm an. Das Kind vermeidet es lieber und zieht sich zurück. Jeder Kontakt ist eine Herausforderung, ob mit einem Material oder einer Person. Dabei wünscht sich das Kind oft Nähe. Aber es kann sie nicht gut aushalten. Auch abends im Bett, wenn das gestresste Kind (gestresstes Gehirn) eigentlich zur Ruhe kommen darf, wird vielleicht noch der Bettbezug als unangenehm empfunden. Wenn das Kind Glück hat, gibt es ein Kuscheltier, das ein Wohlgefühl bei ihm auslösen kann. Dann kann es ruhiger schlafen und den nächsten Tag ausgeschlafen besser überstehen.

Stellen Sie sich selbst mal dünnhäutig bzw. Berührungsüberempfindlich vor. Sie nehmen nicht nur Berührungen viel deutlicher, sondern manchmal sogar schmerzhaft wahr. Auch Worte können Sie mehr treffen, sie sind insgesamt verletzlicher.

Während sich andere Kinder stoßen, das nur kurz bemerken und dann unbekümmert weiterspielen, reagieren die dünnhäutigen Kinder oft anders. Ihre resultierende Reaktion ist für ihr Empfinden völlig logisch. Denn sie sind verletzt. Das Gehirn signalisiert es so. Es verarbeitet Schmerzreize anders, viel deutlicher. Und dann ist es sehr angemessen, laut zu schreien und zu weinen.

Bei einem kleinen Stoß wird sich wahrscheinlich auch ein blauer Fleck entwickeln. Die Haut, ja das ganze System ist empfindlicher und reagiert dementsprechend. Das ganze Wesen ist empfindlicher.

Ein unfreundliches Wort, ein unfreundlicher Blick – und das Kind kann tief getroffen sein. Und je nach Temperament des Kindes geht es anders mit dieser Verunsicherung um. Das eine Kind kann weinerlich werden. Vielleicht zieht es sich auch zurück. Es fühlt sich schlecht. Es hat das Gefühl, etwas nicht richtig gemacht zu haben, denn der andere war ja genervt. Dieser Erfahrung werden wohl oder übel noch mehr im Leben folgen. Erlernt das Kind keine Strategie, wird es in menschlichen Beziehungen verunsichert bleiben.

Um sich zu schützen, hat es die Möglichkeit, sich zurückzuziehen. Von außen betrachtet, also für die anderen Kinder und die Erzieher*innen, ist diese Logik des Verhaltens des Kindes nicht zu verstehen. Sie können dem Verarbeitungsprozess im Gehirn nicht zusehen. Sie können auch nicht wissen, dass bei diesem Kind schon Alarmstufe ROT angezeigt wird. Dass das Kind für sein „Betriebssystem" logisch und sinnvoll handelt, ist erst durch Wissen über seine Besonderheiten nachvollziehbar.

Dies werden nur Menschen nachempfinden können, die ein ähnliches Strickmuster haben und sich vielleicht dennoch etwas anderes wünschen: nämlich Kontakt. Und den bekommen sie gerade nicht. Unser „verletztes" Kind zieht sich zurück, ist eingeschnappt, traurig.

Jetzt kommt es auf das Gegenüber an. Lässt sich das Gegenüber schnell von ihm beeindrucken, bekommt das Kind den Stempel „Knatschsuse, Mimose". Kommt das immer öfter vor, wird dieses dünnhäutige Kind nicht mehr zum Spielen geholt und darf auch nicht mehr mitspielen.

Unser dünnhäutiges Kind bekommt das überdeutlich mit und Selbstabwertung nimmt seinen Lauf.

Möchten Sie an der Stelle des Kindes sein?

Und zuhause?

Bei einem weniger achtsamen Umgang mit Ihrem Kind könnte das Kind oft verletzt reagieren.

Unsichere Eltern wagen es gar nicht mehr, Grenzen zu setzen. Sie vermeiden auch alle Materialien, die ihr Kind nicht mag. Sie meinen es immer gut. Empathisch stellen sie sich auf die Reaktionen des Kindes ein. In ihrem Haushalt gibt es nur noch Speisen, die das Kind mag. Die Haare sind immer kurz – so erspart man sich das Haare kämmen. Dafür sind die Finger- und Fußnägel immer lang, um das Nagelschneiden zu vermeiden. Sie richten Aktivitäten nach Ihrem Kind aus. Sie vermeiden Spiele mit Sand, Wasser, Matsch, Schaum. Das ist für ihr Kind taktil zu diffus.

Wenn man als Eltern nur die Not des Kindes sieht und nun alles vermeiden möchte, was das Kind stresst, ist das zwar überaus empathisch. Es hilft dem Kind aber nicht, sich mit der Welt, so, wie sie nun einmal ist, auseinanderzusetzen.

Vielleicht reagieren Sie als Eltern aber auch ganz anders. Sie sind genervt vom seltsamen Verhalten ihres Kindes. Es wirkt so zickig, so kompliziert, so eigen, ein „Prinzesschen auf der Erbse". Das macht Sie sauer. Die Haare werden gekämmt, das Kind wird dabei ausgeschimpft und für „zickig" erklärt. Das Essen wird schon leicht aggressiv zubereitet, weil man schon eine unschöne Essenssituation kommen sieht. „Und wie sich das Kind aber auch immer anstellt.“ Wo man sich doch solch eine Mühe gemacht hat. Das Kind bekommt es ständig zu hören. Heute, morgen, immer wieder. Sein Verhalten wird bewertet. Das Kind glaubt die Bewertungen bald auch.

Das (für die Eltern übertriebene) Ausschütteln der Hände nach dem Greifen in den Sand wird manches Mal mit einer Sandschlacht beantwortet. Das Kind muss rieselnden Sand am ganzen Körper über sich ergehen lassen, und erntet auch noch Spott.

Bitte nicht falsch verstehen. Es werden alltägliche Situationen beschrieben, die keine Wertung an sich abgeben. Auch Eltern reagieren nur. Es werden Gefühle, Gedanken und Worte ausgelöst. Diese stehen oft im Gegensatz zu den besten Wünschen für das Kind. Alle Eltern hätten gerne Kinder, die sich prima entwickeln, und sie haben viel Freude an ihren Kindern. Natürlich. Ein Instinkt. Manchmal auch Wunschdenken.

Wenn Eltern also nur die Reaktionen sehen und für oder gegen ihr Kind reagieren, ist keinem geholfen.

Verstehen Eltern und andere aber was in dem Kind vor sich geht und verstehen sie die Reaktionen als momentan bestes Verhalten, dann können sie ihrem Kind verständnisvoll eine Brücke bauen. Das Kind bekommt auf seinem Weg ein Geländer, an dem es sich festhalten kann. Das Geländer heißt verstehen, begleiten, angemessene Angebote setzen. Und mit jeder positiven Erfahrung wird es auch den nächsten Schritt wagen können!

Denn wie ist es denn bei uns Erwachsenen? Geht es uns nicht in manchen Situationen genauso?

Möglicherweise mögen Sie auch nichts „Wabbeliges“ an den Händen oder gar im Mund haben. Es kann sein, dass Sie ungern Teig an den Händen haben oder bestimmte Materialien an sich nicht mögen. Vielleicht erschrecken Sie sich bei nicht vorhersehbaren Berührungen? Wir als Erwachsene hatten aber schon ein paar Jahre Zeit, eine Lösung für uns zu finden.

Wir essen dann eben keinen Wackelpudding, wir kochen lieber, als dass wir backen, weil unsere Hände nicht mit Teig in Berührung kommen. Wir bekleiden uns in einer für uns angenehmen Art, wir haben gelernt, etwas Abstand zu halten und so weiter.

Wir haben keinen Beruf gewählt, der es nötig macht, in teigähnlichen Konsistenzen zu kneten. Wir müssen unsere Abneigung gegen Wackelpudding nicht jeden Tag neu verteidigen, Sie werden einen Beruf gewählt haben, der zu Ihnen passt.

Oder Sie haben im Laufe der Zeit gelernt, mit diesen Reizen (Wackelpudding, Teig, plötzliche Berührungen) umzugehen und es stellt nun kein Problem mehr für Sie dar.

Vielleicht sind diese Reize schon noch ein Problem, aber Sie haben für sich einen Umgang damit gefunden, der Ihre Umwelt nicht mehr irritiert.

Kinder hatten diese Zeit noch nicht!

Nun möchte ich etwas aus dem Nähkästchen plaudern.

Praxisbeispiel Überempfindlichkeit

Max

An einem konkreten Beispiel zeige ich Ihnen meine Erfahrung mit einem Jungen, der zu mir in die Frühförderung kam. Nennen wir ihn Max.

Max ist knapp fünf Jahre alt. Seine Mitwelt empfindet sein Verhalten als Problem. Er findet zum Beispiel kaum Kontakt zu den anderen Kita-Kindern und spielt oft allein. Max ist von der „pflegeleichten" Art, er fällt im Trubel der Kita kaum auf.

Er nimmt nicht gerne an Angeboten in der Kita teil. Wenn er doch mal etwas mitmacht, fällt seine Ungeschicklichkeit auf. Klar, er hat ja wenig Übung durch seine Vermeidungsstrategie. Max wäscht oft seine Hände. Nach dem Essen, nach dem Basteln – und am liebsten auch zwischendurch. Er ist von schmalem Körperbau, er isst nur sehr ausgewähltes Essen.

Ohne jegliches Wissen, und auch ohne Verstehen / Verständnis, könnte man Max als komischen Eigenbrötler ansehen, ein Eigenbrötler mit vielen Macken, der sich „ganz schön anstellt".

Ich möchte gerne den therapeutischen Weg mit Max in der Physiotherapie/Psychomotorik beschreiben. Ganz sicher ist seine Entwicklung nicht ausschließlich auf die Arbeit mit ihm zurückzuführen, aber viele kleine gelungene Momente helfen weiter. In der Kita, zuhause, bei Freunden, überall.

Unseren gemeinsamen Teil des Weges fand ich beeindruckend.

Max kommt sehr verunsichert. Wir verbringen die ersten Stunden gemeinsam mit einer Bezugsperson. Er gewinnt Sicherheit mir gegenüber, dem Raum und den Materialien. Schon bald kann er sich von der Mutter lösen.

Schnell ist spürbar, wie gerne er Fußball spielt. Zwar nie im Kindergarten, aber abends mit seinem Vater.

Und so spielen wir beide auch Fußball, wieder und wieder. Max wird dabei zunehmend fröhlicher und offener. Er fühlt sich großartig, denn er kann in den Therapiestunden einige Tore erzielen und viele von mir verhindern. Er lacht und freut sich oft. Mit der Zeit kommt er zur Förderung, hüpft er schon im Flur vor freudiger Aufregung, ausgerüstet mit Schienbeinschoner und Trikot.

Die Stunde soll einfach nur Spaß machen. Er kann spüren, dass er etwas richtig gut kann und ist stolz auf sich. Er gewinnt enorm an Selbstvertrauen.

Ich fädelte es so ein, dass „leider" immer nur zwei oder drei Bälle in der Turnhalle sind. Sie waren jeweils aus unterschiedlichen Materialien und nicht immer aus für ihn angenehmen Materialien. Seine Lust am Fußballspielen ist aber größer als seine Unlust, diese Materialien zu berühren. Außerdem gibt es immerhin eine Wahlmöglichkeit zwischen den Bällen. Max darf wählen, welchen Ball er heute nehmen möchte.

Das ist entscheidend für das Gefühl der Selbstwirksamkeit! Einen selbstgewählten Ball kann man halt eher mal tolerieren. Das ist ein guter Schritt in die richtige Richtung.

Wir spielen nicht nur mit unterschiedlichen Bällen. Wir bauen uns auch Tore aus vielen verschiedenen Materialien. Max sammelt dabei einiges an Erfahrung mit Material, probiert aus und erfindet kreative Möglichkeiten. Er blieb ständig in der Motivation, Fußball spielen zu können.

Eines Tages ist die Turnhalle nicht frei. Max weiß nicht, dass dies von mir so geplant ist. Es ist also nachvollziehbar für ihn, dass wir in einen kleineren Raum ausweichen müssen. Max kann durch den Raumwechsel ganz nebenbei den Teppich statt den Turnhallenboden unter den Füßen spüren und sein Gehirn muss diese neuen Reizinformationen verarbeiten. Obwohl ein Raumwechsel schon eine enorme Veränderung ist und eine Verunsicherung auslösen kann, gelingt es Max, seine Motivation zum Fußballspielen zu halten.

Weil der neue Raum zu klein für ein richtiges Fußballspiel ist, spielen wir Fingerfußball auf einer Tischplatte. Da keine kleine Kugel zu finden ist (dafür habe ich vorher gesorgt), knubbeln wir Papier zusammen, woraus er sich eine kleine Kugel formt.

Das ist wohlüberlegt und geplant von mir. Für Max stellt diese feinmotorische Arbeit wieder ein Lerngeschenk dar. So, wie ich Max bisher kennengelernt habe, kann er „spontane Lerngeschenke" leichter annehmen als vorher verabredete.

Nun flitschen wir diesen kleinen Papierball mit den Fingern über die Tischplatte. Auch daran hat er Spaß. Wir gehen auch zukünftig in den kleinen Raum.

Bald darauf ist der große Moment für Max gekommen – es ist auch kein Papier zu finden (ich hatte es weggeräumt).

Aber ich habe Knete, daraus kann man schließlich auch einen Ball formen.

Das ist der Moment, wo Max die Tränen in die Augen schießen. Er sagt kein Wort, schaut mich nur an. Ich ahne, dass er die Knete nicht anfassen mag, weil das ein unangenehmes Gefühl für ihn ist. Meine Frage, ob er keine Knete mag, bejaht er.

Ich erzähle ihm, dass ich als Kind auch keine Knete mochte (ich tue immer so, als wäre es bei mir als Kind, in seinem Alter, auch so gewesen). Das entlastet Kinder. Und nicht nur Kinder.

Wenn die Therapeutin das gehabt hat, und jetzt ja nicht mehr, könnte es bei ihm ja auch so sein – das könnte Max denken. Und außerdem fühlt es sich dann für ihn auch viel „normaler" an.

Wir überlegen zusammen, was er braucht, um diese Herausforderung zu bewältigen. Dünne Einmalhandschuhe anzuziehen sind eine gute Idee. Zur Sicherheit legen wir schon einen feuchten Waschlappen und ein Handtuch parat. Ich zeige ihm, in welchem Raum sich das Waschbecken befindet, und lasse vorsichtshalber schon einmal die Tür zum Nassraum auf. Da Max immer noch zögert, beginne ich einen kleinen Fußball aus Knete zu rollen. Max wartet noch ab, die Hände sicher in Einmalhandschuhen. Ich forme betont fröhlich einen Ball und erzähle nebenbei, wie ich als Kind einmal ganz mutig war und die Knete berührt hatte. Und wie gerne ich danach mit Knete spielte.

Und dann frage ich ihn, ob er auch mal versuchen wolle …

Max tippt auf die Knete! Er traute sich!!!

Innerlich ziehe ich den Hut vor ihm und nach außen strahle ich ihn an. Stolz liegt in seinem und meinem Blick.

Max flitzt zwar tatsächlich sofort an das Waschbecken. Aber sofort danach formt er noch einen Fußball und noch einen. Und am Ende unserer gemeinsamen Stunde zieht er sogar die Handschuhe aus, um den Ball aus Knete zu berühren.

Er freut sich unbändig und lacht laut.

Am Ende der Stunde holt er seine Mutter und zeigt ihr wieder und wieder, wie er den gekneteten Ball mit bloßen Händen berührt und Tischfußball spielt.

Ab jetzt ist es ein Selbstläufer. Diese Erfahrung lässt Max auch in Zukunft deutlich weniger Scheu mehr vor Materialien haben. Das gibt ihm die Möglichkeit, an allen Angeboten, auch in der Kita, teilzunehmen. Er macht rasch Fortschritte in der Feinmotorik. Er wird zunehmend ein beliebter Spielpartner. Sein Spektrum konnte er enorm erweitern. Er ist beim Spielen mittendrin, statt außen vor.

Sicher läuft die Förderung nicht immer so bilderbuchmäßig. Es kann viele Abstufungen geben. Aber bei Max hat es sich so abgespielt.

Ich glaube, dass der Mut von Max auch ein Beziehungsgeschenk war. Wochenlang hatten wir beim Fußballspielen eine Menge Spaß gehabt. Unsere Beziehung, das Vertrauen, konnte wachsen. Mit einer Beschäftigung, in der Max Sicherheit hat. Er konnte mir seine Stärke zeigen. Er war selbstwirksam und selbstbestimmt. Und fröhlich.

Auf einem solchen Boden kann viel Gutes erwachsen.

Können Sie den Unterschied erfühlen, wenn wir im Gegensatz dazu angefangen hätten zu kneten und mit Fingerfarben zu malen. Wenn ich direkt mit seinen Schwierigkeiten und

Hürden begonnen hätte? Fühlen Sie sich hinein, als wären Sie ein Kind.

Als Kind hat man selten den Wunsch, etwas aus sich heraus zu verändern. Aber um diese intrinsische Motivation, den eigenen inneren Wunsch, geht es. Gepaart mit einem Gefühl der Machbarkeit, zum Beispiel über Hilfestellungen.

Die Selbststeuerung ist ein zentraler Baustein.

Es hätte wahrscheinlich nicht den gleichen Erfolg gehabt, wenn Max seinen Finger in die Luft gehalten hätte und ich mit dem Knetball auf ihn zugekommen wäre. Das wäre überraschend und nicht selbststeuernd gewesen. Eine überraschende Berührung wäre für Max überfordernd gewesen und hätte ihn in Stress gebracht. Sein altes Abwehrmuster hätte nicht „überschrieben" werden können.

Die offene Tür zum Waschbecken, der Waschlappen gaben ihm das Gefühl, dass er jederzeit aus der Situation aussteigen konnte. Das gibt Mut.

Wenn Eltern also nur die Reaktionen sehen und für oder gegen ihr Kind reagieren, ist keinem geholfen.

Verstehen Eltern und andere aber, was in dem Kind vor sich geht, und verstehen sie die Reaktionen als momentan bestes Verhalten, dann können sie ihrem Kind verständnisvoll eine Brücke bauen. Das Kind bekommt einen gangbaren Weg mit einem Geländer, an dem es sich festhalten kann. Und mit jeder positiven Erfahrung wird es auch den nächsten Schritt wagen können!

Das Gleichgewicht

Unser Gleichgewichtsorgan sitzt im Innenohr und ich möchte Ihnen dieses bildhaft vorstellen. Die Beschreibung entspricht nicht den anatomischen und physiologischen Gegebenheiten, kann aber zum Verständnis beitragen:

Stellen Sie sich ein Glas vor, gefüllt mit einer leicht eingedickten Flüssigkeit. In dieser Flüssigkeit schwimmen kleine Perlen. Bei jeder Veränderung des Glases durch Hochheben oder Kippen kommen die kleinen Perlen in Schwingung. Nach der Bewegung finden die Perlen an ihren Platz zurück.

Ausgeglichenes Gleichgewicht

So ist es auch bei einem intakten Gleichgewichtssystem.

Die Perlen stehen für die kleinen Sinnesorgane im Innenohr. Diese bekommen Informationen mitgeteilt, beispielsweise wird der Kopf bewegt, der Körper gerät in Beschleunigung oder Verlangsamung, der Kopf hängt nach unten.

Das alles wird blitzschnell an das Gehirn weitergeleitet, welches die Informationen verarbeitet und dafür sorgt, dass der Körper mit entsprechend sinnvollen Bewegungen reagiert: die Muskelspannung anzupassen, die Augen entsprechend auszurichten, Ausgleichsbewegungen zu starten und vieles mehr.

Uns geht es dann gut, wenn unser Gleichgewichtssinn, unsere Perlen in der Flüssigkeit, mäßig bewegt wird.

Bei einem überempfindlichen Gleichgewicht kann man sich folgendes Bild vorstellen:

Die Flüssigkeit im Glas ist nicht eingedickt, sondern klar und flüssig. Wird jetzt das Glas mit gleicher Intensität bewegt, kommen die Perlen durcheinander. Sie schwappen fast heraus. Wie in einer Schneekugel vom Weihnachtsmarkt wirbeln sie durch das Glas. Selbst als das Glas schon längst wieder abgesetzt wurde, wirbeln sie immer noch und benötigen Zeit, bis sie wieder in ihre Ausgangslage zurückgefunden haben.

Überempfindliches Gleichgewicht

Durch dieses Bild kann man sicher sehr gut Verständnis für die Verhaltensweise betroffener Kinder entwickeln. Dieses „Überschwappen“, das schon durch alltägliche Bewegungen entsteht, würden die Kinder lieber vermeiden. Zumal dieses Durcheinanderwirbeln oft gekoppelt ist mit Übelkeit, Schwindel und Unsicherheit.

Ehe sich die Perlen im Glas beruhigt haben, steht schon die nächste Bewegung an. Da ist es nachvollziehbar, dass Kinder von sich aus nur ungerne Bewegungen initiieren.

Nun kommen wir aber zu den Kindern, deren Glas mit einer wirklich zähen, viel zu dicken Flüssigkeit gefüllt ist. (Und, bitte: Dieses Bild dient nur der Verdeutlichung und hat mit der anatomischen Realität keine Gemeinsamkeit). In diesem Fall gibt es eher eine Unterempfindlichkeit, und die Kinder benötigen deutlich mehr Kraft und Schwung, um ihre Perlen überhaupt in Schwingung zu bringen. Ein einfaches Antippen, Anheben oder Neigen des Glases lässt die Perlen in dieser Flüssigkeit kaum vom Platz kommen.

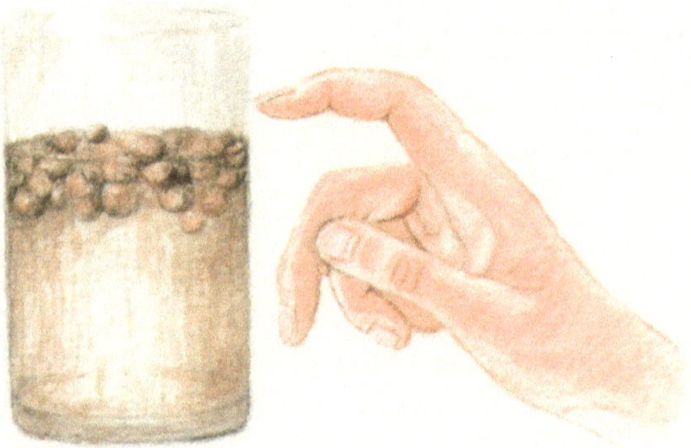

Unterempfindliches Gleichgewicht

Da Kinder auf Reize aus dem Gleichgewichtssinn angewiesen sind, kann man sich mithilfe dieses Bildes gut vorstellen, dass ein Kind oft mit scheinbar unerschöpflichem Antrieb in Bewegung ist.

Gleichgewichtsüberempfindlichkeit

„Auf euch wirke ich unsicher“

Ein kleines Selbstexperiment für Sie:

Stellen Sie sich bitte für einen Moment auf ein Bein, schließen Sie die Augen und legen Sie den Kopf in den Nacken. Falls Sie immer noch nicht aus dem Gleichgewicht gekommen sind, dann drehen Sie sich vorher ein paar Mal um Ihre eigene Achse und bleiben dann plötzlich stehen. Was fühlen Sie?

Ein mulmiges Gefühl? Schwindel? Sie suchen nach einem guten, festen Stand? Haben Sie das Gefühl, dass der Boden unter Ihren Füßen Sie nicht zuverlässig trägt?

Vielleicht spüren Sie etwas Übelkeit. Suchen Ihre Augen nach einem Fixpunkt?

Würden Sie sich am liebsten irgendwo festhalten? Wahrscheinlich sind Sie schon dabei, sich festzuhalten, die Füße für mehr Standsicherheit auseinanderzustellen oder sich hinzusetzen, etwas starr zu schauen, einen Moment innezuhalten, bis Sie sich wieder im Gleichgewicht fühlen. Hat es Ihnen Spaß gemacht?

Würden Sie dieses Szenario gerne öfter so erleben?

Manchem Kind mit einer Überempfindlichkeit des Gleichgewichts geht es ständig so. Ist das nicht beängstigend?

Die Kinder können sich nicht frei und unbeschwert bewegen. Dauernd ringen sie um ihr Gleichgewicht. Der Gang ist etwas starr. So wie bei uns, wenn wir über eine Hängebrücke ohne Geländer gehen würden. Die Augen geradeaus gerichtet. Eine spontane Kopfdrehung fast nicht möglich, das würde uns aus der Mitte bringen. Wir würden uns in dieser Situation gerne an einem Geländer festhalten.

Auch die Kinder möchten sich festhalten. Am liebsten an Erwachsenen. Die geben Halt, die nehmen Rücksicht und sind nicht impulsiv.

Und wenn aber niemand da ist? Kein Erwachsener, kein Geländer? Eine kindliche Reaktion ist es, sich in brenzligen Situationen an Ort und Stelle hinzusetzen. Das ist eine gute, in sich schlüssige und logische Idee. Vielleicht sogar die beste. Denn im Sitzen kann man nicht so leicht umkippen. Dann hat man endlich mal Zeit und Energie, andere zu beobachten. Oder mit anderen zu sprechen oder zu singen. Dann kann man sich auf etwas Neues einstellen. Am Boden hat man die Hände frei und kann hantieren, viel besser als im Stand. Im Stand würden sich die betroffenen Kinder am liebsten festhalten.

Es ist gar nicht einfach sich in solch ein Kind einzufühlen, das kaum etwas nebenbei bewältigen kann. Der Fokus ist unbewusst auf das Ringen um Stabilität gerichtet. Und das den ganzen Tag über.

Für dieses Kind ist die Gleichgewichtsunsicherheit ein alltägliches und vertrautes Gefühl. Es beobachtet die anderen Kinder, die einfach herumlaufen, sich sogar auf den Kletterturm trauen. Da dies die meisten Kinder machen, wird sich dieses Kind mit zunehmendem Alter komisch und anders fühlen. Das verunsichert ein Kind in seiner Selbstwahrnehmung.

Das Kind kann gar nicht um seine Besonderheiten wissen. Es wird es nicht benennen können. Es wäre viel einfacher, wenn Kinder sagen können: „Mir geht es gerade nicht so gut. Ich fühle mich unsicher und mir ist schwindelig.“ Dann wäre es für jeden klar. Dann würde man es an die Hand nehmen und ihm Sicherheit bieten.

Auch für Eltern und Erzieher ist dies nicht so einfach zu erkennen, um hilfreich zu unterstützen.

Wenn ein Kind in der Kita immer viel auf dem Boden sitzt, z.B. auf dem Autoteppich oder draußen im Sandkasten, wenn es nie auf ein Klettergerüst geht – dann fällt das Kind auf. Wer käme dann schon auf das Gleichgewicht? Ab jetzt Sie!

Gehen Sie noch einmal in das Gefühl, die Balance zu verlieren. Würden Sie in diesem Moment der Aufforderung nachkommen auf ein Gerüst zu klettern?

Selbst als Erwachsener nicht, oder? Oder nur, wenn wir das als dringend erforderlich ansehen. Bei einem Notfall, um gesellschaftliches Ansehen nicht zu verlieren oder wenn ein noch dringenderes Bedürfnis erfüllt werden muss.

Aber doch nicht ein Kind. Das klettert nicht. Fertig. Oder nur, wenn es sich ganz sicher fühlt, weil es Mamas oder Papas Hand im Rücken spürt.

Schon eine sehr kleine Höhe fühlt sich für das Kind an wie eine hohe Bergspitze, wie auf der Skizze zu sehen. Schon von einem kleinen Baumstamm wirkt der Waldboden so weit entfernt. Es wirkt aus seiner Wahrnehmung heraus wie eine angstauslösende Tiefe. Und wie wir schon gelesen haben, hält jeder die eigene Wahrnehmung für wahr.

Nachlaufen spielen, was viele Kinder so sehr lieben, ist eine besondere Herausforderung für dieses Kind. Stellen Sie sich selbst noch einmal auf der Hängebrücke ohne Geländer vor. Hätten Sie Spaß an Schnelligkeit? Die tatsächliche Gefahr, dass Sie durch die Unsicherheit und der daraus resultierenden Ungeschicklichkeit stolpern würden, spüren Sie instinktiv. Je unebener der Untergrund oder kleiner die Fläche unter den Füßen, je schneller, präziser oder höher es geht, desto größer wird die Not des Kindes.

Wie kann für dieses Kind eine Lösung aussehen? Wie kann es das schaffen, nicht auf das Gerüst zu müssen? Auch wenn es dazu aufgefordert wird?

Je nach Grundtemperament des Kindes weint es vielleicht, jammert oder zieht sich zurück. Vielleicht wird es auch wütend. Möglicherweise lenkt es ab, erzählt von etwas ganz anderem. Oder es muss dringend zur Toilette, hat Hunger oder Bauchschmerzen. Das macht es nicht bewusst. Es wird sich in diesem Moment tatsächlich so fühlen. Es stellt eine Körperreaktion dar, die es aus Schutz entwickelt. Im Prinzip ist das erst einmal Körperintelligenz.

Es ist dem Kind mit dieser Strategie nur auf Dauer nicht geholfen.

Wenn die Erziehenden die Not des Kindes darin nicht erkennen, können sie gereizt reagieren. „Immer so ein Anstellen, ein Knatschen. Das macht der doch extra“, könnten ihre Gedanken sein.

Im Unter-Drei-Kitabereich darf die erziehende Person auf das überempfindliche Gleichgewicht aufmerksam werden, wenn sich Windelkinder öfter mal beim Wiegen, beim Windelwechseln oder bei einem Wechsel der Kopfhaltung übergeben. Auch Schreien in Wickelsituationen kann einen Hinweis auf die Not der Kinder geben. Immer wenn die Körperhaltung verändert wird, werden die kleinen Sinnesorgane im Ohr bewegt und bei diesen Kindern leicht durcheinandergewirbelt. Es ist dann ratsam und äußerst hilfreich für die

Kleinen, wenn die passiv erlebten Bewegungen sehr langsam und stimmlich liebevoll und beruhigend begleitet werden.

Da das Gleichgewichtszentrum im Gehirn mit unserem Gefühlszentrum verbunden ist, können aufgeregte Säuglinge durch sanftes Wiegen oft beruhigt werden.

Durch das Zusammenspiel des Gefühlszentrums mit dem Gleichgewicht sind diese Kinder oft in beiden Bereichen überempfindlich. Sowohl körperlich als auch gefühlsmäßig. Ein strenges Wort kann ebenso wie eine kleine Höhe übermäßig erschrecken und verunsichern.

Praxisbeispiel Überempfindlichkeit

Tobias

Eine Erläuterung zur Zeichnung:

Tobias könnte das Kind auf der Bergspitze sein. Er ist schon in kleiner Höhe oder auf einem begrenzten Untergrund unsicher. Er ist haltsuchend.

Also muss ich aufmerksam bleiben und schauen, was Tobias Spaß macht. Spaß ist wichtig, Spaß ist gleich Motivation und Motivation bedeutet Entwicklung.

In diesem Fall kann ich Tobias mit Schoßspielen zum Lachen bringen.

Hoppe, Hoppe, Reiter ... kennen wir wohl alle aus unserer Kinderzeit. Mir persönlich fallen oft spontan Geschichten aus der Lebenswelt der Kinder ein, die ich in das Schoßspiel integriere. Dann sind die Kinder besonders aufmerksam. Die Hauptsache ist, Bewegung als angenehm erleben zu können. Und immer wieder: lachen, lachen, lachen. Kinder hängen sich oft an die Gefühle von Menschen, denen sie vertrauen. Also darf ich Spaß haben und das auch ausdrücken. Lachen, freundlich und zugewandt sein und selbst gerne spielen.

Als „Hoppe, Hoppe, Reiter“ 1000x gespielt ist, traut sich Tobias auf den Rücken der Therapeutin, also auf meinen Rücken, und ich spiele Pferdchen. Zunächst ist das Pferdchen handzahm, dann wird es in jeder Stunde übermütiger. So habe ich als Therapeutin immer Dosiermöglichkeiten. Wichtig ist immer: Dem Kind muss es Spaß machen. Es darf Lust auf Mehr bekommen.

So trabt das Pferdchen nicht nur auf dem flachen Boden, sondern auf kleine Höhen und auch wieder hinunter. Das klingt einfach. Für ein gleichgewichtsverunsichertes Kind ist das eine Lernaufgabe. Das Pferdchen läuft langsam, schnell im Wechsel, bleibt plötzlich stehen – und der Reiter bleibt heldenhaft oben sitzen. Tobias fühlt sich wohl und das Pferdchen macht mit seinem Reiter einen Ausflug auf ein Trampolin. Das Pferd gerät samt Reiter in Schwingung. Es geht gut und Tobias findet es lustig.

Bis er dann selbst einmal Pferdchen sein will. Natürlich ohne Reiterin. Er steht auf allen Vieren auf dem Trampolin und ich bringe das Trampolin in Schwingung. Sehr dosiert und immer gut auf Tobias achtend. Das Pferdchen Tobias fasst irgendwann Mut und will die Schwingung immer stärker. Aus diesem Spiel entwickelt sich alles wie von selbst. Er probiert verschiedene Körperpositionen aus. Es dauert wenige Therapiestunden, bis er sich sogar im Stand auf dem Trampolin wohlfühlt. Alle Zwischenschritte auf dem Weg dorthin haben sich für ihn sicher angefühlt.

Dann kommt die Zeit, dass Tobias vom Trampolin abspringen möchte. Erst halte ich ihn an beiden Händen fest, dann nur an einer Hand, dann – ... TATA ... schafft er es allein. Und hat riesengroßen Spaß. Das lässt ihn sicherer und damit mutiger werden. Ab jetzt erobert er sich selbstständig „die Welt".

Tobias fühlt sich zu Beginn der Förderung nur auf dem Boden sicher und wohl.

Hätte ich ihn gleich auf eine Schaukel gesetzt oder auf ein Trampolin gestellt oder in Höhe balancieren lassen, wäre natürlich ein Misserfolg vorprogrammiert gewesen. Obwohl man doch in jedem Fachbuch nachlesen kann, dass dies sehr wichtig ist für die Entwicklung des Gleichgewichts. Stimmt, aber es kommt auf das WIE an!

Das langsame und aufmerksame Herantasten und die ständige Bereitschaft, Sicherheit zu geben, gab ihm das Gefühl, dass er jederzeit aus der Situation aussteigen konnte. Das gibt Mut und stärkt.

Jedes Kind, so auch Tobias, sollte ein Gefühl von Selbststeuerung und Selbstwirksamkeit haben können. Ist diese grundlegende Basis geschaffen, passiert oft viel Gutes.

Wenn Eltern also nur die Reaktionen sehen und für oder gegen ihr Kind reagieren, ist keinem geholfen.

Verstehen Eltern und andere aber, was in dem Kind vor sich geht, und verstehen sie die Reaktionen als momentan bestes Verhalten, dann können sie ihrem Kind verständnisvoll eine Brücke bauen. Das Kind bekommt auf seinem Weg ein Geländer, an dem es sich festhalten kann. Das Geländer heißt verstehen, begleiten, angemessene Angebote setzen. Und mit jeder positiven Erfahrung wird es auch den nächsten Schritt wagen können!

Unterempfindliches Gleichgewicht

„Auf euch wirke ich ungestüm“

Kinder mit weniger sensiblem Gleichgewichtssinn brauchen dringend die Anregung des Gleichgewichts. Sie spüren das instinktiv und machen unbewusst auch sehr viel dafür. Die Perlen (siehe Skizze mit den braunen Perlen im Glas) müssen erstmal in Bewegung kommen. Dafür benötigen sie Schnelligkeit und einen erhöhten Kraftaufwand.

Sie sind oft schnell, ungenau oder ungestüm. Mit Vorliebe lassen sie sich mit Schwung auf die Knie fallen, um dann meterweit durch den Raum zu rutschen. Sie schaukeln wie wild, schreien dabei – ach, in diesen Momenten geht es ihnen richtig gut, ihr Gleichgewichtssystem ist richtig gut in Schwung. Sollen sie am Basteltisch ruhig „arbeiten“, ist das anstrengende Arbeit für sie. Auch am Basteltisch hantieren sie schnell und dadurch ungenau. Durch ihre Schnelligkeit bringen sie alles durcheinander. Es fällt vieles um. Die Bastelarbeit wird nur flüchtig erledigt. Ein Chaos breitet sich aus. Nicht nur auf dem Tisch, auch um diese Kinder herum.

Sehr wahrscheinlich erlebt dieses Kind, da es oft Chaos verbreitet, nicht mehr die Unterstützung, die es eigentlich bräuchte.

Wird das Verhalten nicht als Hilferuf des Kindes interpretiert und entsprechend begleitet, ist es so, dass andere Kinder und Erwachsene oft völlig genervt sind. Und es ist genauso wahrscheinlich, dass dieses Kind entweder gar nicht mehr zu Bastelarbeiten geholt wird oder aber jetzt gerade extra, oftmals gut gemeint als erzieherisches Eingreifen. Leider schwingt in diesem Eingreifen oft eine gewisse Gereiztheit mit. Der Erziehende würde vielleicht mit zusammengebissenen Zähnen seine Anweisungen zum 100sten Mal geben und immer mehr Ärger fühlen, wenn das Kind es immer noch nicht so macht, wie es ihm doch gesagt wurde.

Hilfreich ist nun leider beides nicht. Vermeiden hilft dem Kind ebenso wenig wie eine Überforderung.

Was aber wäre wohl ein Lösungsansatz?

Fühlen Sie sich bitte in so ein Kind hinein. Ein Kind kann noch nicht reflektiert um seine Schwierigkeiten wissen. Es wünscht sich einfach, gemocht zu werden, Freunde zu haben, ein beliebter Spielpartner zu sein, dass die Erzieher*innen es loben – die Eltern natürlich auch – dass man es einfach liebhat. Woran erkennt das Kind, dass man es liebhat? Man lächelt es an, man lacht mit ihm, man spielt mit ihm Spiele, die es kann. Man fühlt sich zusammen wohl. Das ist allen Kindern gemeinsam. Nun mal ehrlich, auch wir Erwachsenen fühlen uns lieber wohl und verbunden. Doch das, was diese Kinder oft erfahren, entspricht nicht ihren Wünschen. Wenn man immer wieder in genervte Gesichter blickt, immer wieder genervte Worte hört, immer wieder abwehrende Reaktionen erhält, dann fühlt man sich sicherlich nicht geliebt.

Jetzt entscheidet wieder das Strickmuster des Kindes und seine bisherigen Erfahrungen, wie es darauf reagieren wird. Möglicherweise reagiert es mit Rückzug, wird immer trauriger. Der Bauch oder der Kopf schmerzen als psychosomatische Reaktion. Es nimmt von sich aus nicht mehr an den Bastelarbeiten oder anderen feinmotorischen Beschäftigungen teil. Auch sonst könnte es mit Rückzug reagieren, obwohl ihn sein Gleichgewichtssystem immer wieder zur

Schnelligkeit antreiben wird. Ohne Hilfe und ohne Verständnis wird das Kind lange unglücklich sein.

Natürlich kann sein Strickmuster es auch völlig anders reagieren lassen. Es könnte sich scheinbar aus allem auch noch einen Spaß machen. Es dreht jetzt so richtig auf. Er setzt eine „Fassade“ auf, oft die eines Clowns. Schließlich möchte keiner gerne „sein Gesicht verlieren“. Dann ist eine unbewusste Strategie so zu tun, als würde man es extra machen. Eben mehr nach dem Motto „Hoppla, jetzt komme ich“.

Praxisbeispiel Unterempfindlichkeit

Im Vergleich zu einer optimalen Reizverarbeitung muss das Kind bei einer Unterempfindlichkeit ordentlich in Bewegung kommen, um dem Gehirn überhaupt Informationen zu geben. Kleine, feine Bewegungen erreichen als Reiz nicht das Gehirn. Das Kind gehorcht seinem inneren Antrieb, indem es wild, flüchtig und ungebremst erscheint. Nicht selten bringen sich Kinder in Gefahrensituationen, indem sie z.B. zu hoch und waghalsig klettern. Das Gehirn ist auf Reizsuche. (Bild: braune Perlen).

Valmira

In diesem Zusammenhang erinnere ich mich an Valmira. Sie ist eines jener Kinder, die auffallen, weil sie sich nichtzurückzieht und damit nicht „pflegeleicht" ist. Diese Kinder werden oft als sehr anstrengend erlebt.

Valmira ist ganz schön „wild" in den Förderstunden. Den Raum baue ich zunächst so auf, dass Valmira für ihren Bewegungshunger viel Sättigung erfahren kann. So kann sie sich positiv erleben. Das ist eine Grundlage für jedes Lernen. Sich frei und sicher fühlen zu dürfen. Das erreiche ich auch damit, dass ich mit ihr zusammen Spaß habe. Und das kann ganz einfach sein, wenn man mal seine eigene „Ich weiß, wie es sein sollte"-Regeln beiseiteschiebt und sich auf das Kind einlässt. Natürlich auf Grenzen achtend und sie einhaltend.

Also gemeinsam Spaß haben, zusammen lachen, Verständnis für das Kind entwickeln, es vollkommen annehmen. Das ist eine Beziehungsgrundlage, auf der vieles aufbaut.

Schon bald stelle ich Bewegungselemente dazu, die schon mehr Konzentration und Genauigkeit erfordern. Mal darf ein „Schatz" (für Valmira kann ein einfacher Ball eine Krone sein, was für Kinder typisch ist mit ihrer Fantasie) sicher über die breite Seite und später über die schmale Seite einer Bank transportiert werden, mal nutzen wir ihre Freude am Weitwurf zum zielgenauen Werfen. Die Abstände der Ziele verändern sich. Mal muss viel, mal wenig Kraft gewählt und angemessen dosiert werden. Da hat Valmira für sich eine Kontrolle. Werfen macht ihr Spaß. Sie kann sofort erkennen, wie ihr Krafteinsatz wirkt, ob es passt und das Ziel getroffen wird. Sie sieht und sie spürt es. Das ist ein riesengroßer Unterschied zum Kommentieren von außen. Das eigene Spüren lässt verstehen. Der Körper versteht es und die Erkenntnis folgt. Besonders wenn ein Außenstehender übersetzt: „Ach, guck mal, jetzt hast du nur ganz leicht geworfen und dadurch in den zuvorderst liegenden Reifen getroffen." Valmira wird mit der Übung immer sicherer. Ihr Gehirn kann Unterschiede wahrnehmen, denn darauf kommt es an. Es kann Unterschiede spüren und lernen, entsprechend zu verarbeiten und zu reagieren.

In den Förderstunden verlangsamen wir Bewegungen zugunsten von Genauigkeit und Konzentration, aber langsam, Schritt für Schritt. Valmira soll jede Stunde mit einem Erfolgserlebnis nach Hause gehen, stolz auf sich sein und ein gutes Selbstbild aufbauen. Als Valmira grobmotorisch sicher wird, baue ich kleine feinmotorische Aufgaben mit ein.

Immer themenbezogen und immer ein Thema, das Valmira interessiert. Schlösser für Prinzessinnen mag Valmira. Wir bauen Schlösser mit großem Material, später mit kleinerem Material, mit Bauklötzen, mit Legesteinen. Irgendwann traut sich Valmira zu, ein Schloss zu malen. Erst mit Wachsmalstiften, dann mit dünneren und zerbrechlicheren Stiften. Wir schneiden Fotos von Schlössern, Burgen und herrschaftlichen Häusern aus Zeitungen aus und kleben sie auf. So lernt Valmira ganz nebenbei den Umgang mit Schere und Kleber. Sie merkt das gar nicht, denn es ging ja hier um Schlösser. Ein Thema, das SIE gewählt hatte. Wichtig ist die Reihenfolge vom Leichten zum Schweren.

Zum Glück gibt es auch Gesellschaftsspiele, die das Thema aufgreifen. So ist Valmira sehr motiviert. Sie wird zunehmend offener. Als sie sich genügend angenommen fühlt, kann sie sich öffnen und andere Spiele werden möglich.

Mit dieser Sicherheit wechselt Valmira von der Einzelförderung in eine kleine Gruppe. Hier kann sich Valmira nach und nach sozial kompetent erleben.

Ihr werden Brücken gebaut. So werden mit den Kindern vor jeder Stunde noch einmal Absprachen getroffen. Nach der Stunde wird reflektiert, Erfolge werden ihnen bewusstgemacht. Die Spielregeln sind erst einfach, später komplexer.

Es ging bei Valmira mal wieder nicht um das WAS, sondern um das WIE.

Um Valmira gut anzuleiten, half es mir immer wieder, mir zu vergegenwärtigen, was ihr Thema war (Gleichgewicht, soziale Unsicherheit). Tiefes Atmen hilft mir, in meiner inneren Ruhe zu bleiben. In Gedanken setze ich mir schon mal gerne eine rote Clownsnase auf. Das hilft, den Humor zu bewahren.

Wenn Eltern also nur die Reaktionen sehen und für oder gegen ihr Kind reagieren, ist keinem geholfen.

Verstehen Eltern und andere aber, was in dem Kind vor sich geht, und verstehen sie die Reaktionen als momentan bestes Verhalten, dann können sie ihrem Kind verständnisvoll eine Brücke bauen. Das Kind bekommt auf seinem Weg ein Geländer, an dem es sich festhalten kann. Das Geländer heißt verstehen, begleiten, angemessene Angebote setzen. Und mit jeder positiven Erfahrung wird es auch den nächsten Schritt wagen können!

Tiefensensibilität

„Auf euch wirke ich kompliziert und chaotisch"

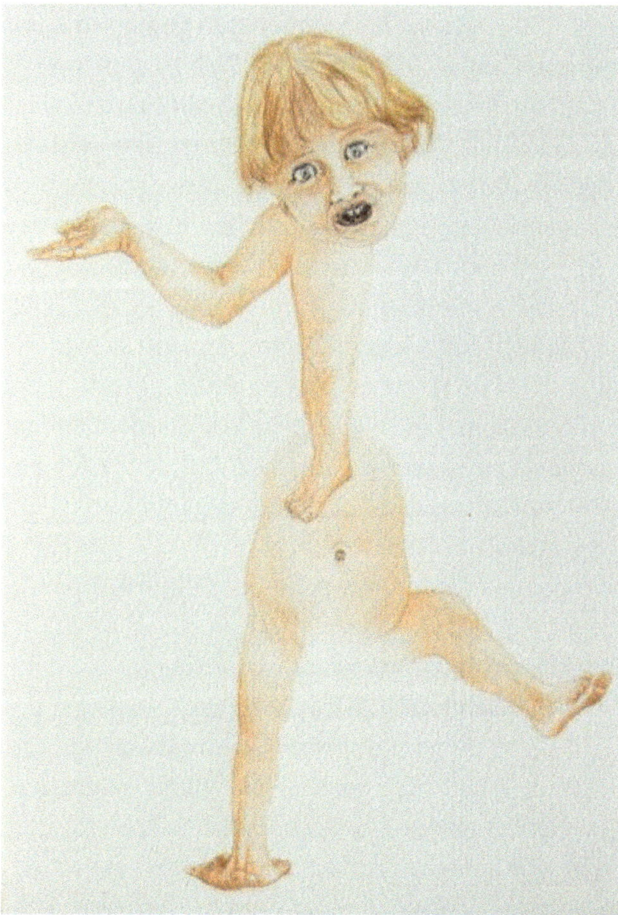

Dieses Kind hat noch kein Gefühl für seinen Körper entwickeln können. Es fühlt sich noch nicht in sich zuhause und hat keine vollständige Kontrolle über den Körper.

Um sich ein wenig einzufühlen, können wir uns Folgendes vorstellen:

Kennen Sie das Gefühl, wenn Ihr Arm eingeschlafen ist und Sie ihn mithilfe des anderen Armes bewegen müssen? Der Arm gehorcht Ihnen nicht. Sie möchten gerne seine Position verändern, aber er „hört nicht auf Ihre Kommandos". Ein Gefühl, als ob der Arm gar nicht zu Ihnen gehört, oder?

Wenn ein „Zuschauer" selber noch nie einen eingeschlafenen Arm hatte, wird er die ungezielten Bewegungen von Ihnen kaum nachvollziehen können. Schließlich haben Sie Arme und sind gesund. Also, was soll schon sein?

Nun stellen Sie sich bitte weiterhin vor, jemand würde Sie in dieser Situation bitten, einen dünnen Faden in eine recht kleine Öse einzufädeln. Und Sie können gerade nicht einmal den Arm zielgerichtet steuern. Selbst wenn Sie nun den Faden zu packen bekämen, wäre die Wahrscheinlichkeit nicht sehr groß, die Öse zu treffen.

Sie haben nicht das Oberkommando über Ihren Körper.

Können Sie sich in ein Kindergartenkind hineinversetzen, das ständig von diesem Gefühl begleitet ist? Auch ein dezenteres Gefühl der eingeschlafenen Gliedmaße ist äußerst beeinträchtigend. Man mag sich lieber nicht vorstellen, wenn dieses Gefühl am ganzen Körper ist. Jedoch ist dies eine Möglichkeit, sich eine Beeinträchtigung der Tiefensensibilität vorzustellen. Für die Kinder fühlt es sich zwar nicht wie „eingeschlafen" an, aber wir Erwachsene können uns mit diesem Bild leichter in die körperliche Desorientiertheit hineinversetzen.

Wenn Sie mit den Gefühlen des Nicht-Richtig-Spürens in einen Turnraum gehen, wird es äußerst mühsam, eine Leiter hinaufzuklettern. Jeder Schritt muss irgendwie überlegt sein. Die Augen kontrollieren das Geschehen. Ohne hinzusehen, geht gar nichts.

Ihr Gehirn ist so beschäftigt mit den Abläufen, jede Bewegung ist wie die erste Bewegung, sodass Sie nichts nebenbei machen können. Weder jemandem zuhören noch auf Fragen antworten. Sie benötigen gerade Ihre volle Konzentration. Sie haben kein Gefühl für Ihren Körper. Sie sind in sich orientierungslos.

In einem Alter, in dem sich das Körpergefühl erst ausprägt, wirkt der Effekt besonders stark. Als Erwachsene können wir uns noch in Erinnerung rufen, wie wir den Körper sonst empfinden und ihn bewegen, wenn er nicht eingeschlafen ist. Aber wenn man noch nie das „wache" Gefühl hatte?

In dieser Desorientiertheit weiß und spürt man sich nur ungenau in seinem eigenen Körper.

Erinnern Sie sich an eine Orientierungslosigkeit in einer fremden Stadt. Sie haben noch kein Gefühl für diese Stadt entwickelt. Sie merken sich Abbiegungen zum Hotel durch bestimmte Geschäfte, Bauten. Alles kleine Hilfen, die das Wiedererkennen möglich machen. Haben Sie aber ein Gespür, eine Orientierung entwickelt, können Sie Abkürzungen nehmen oder eine Sehenswürdigkeit in den Weg integrieren, kurz: Sie werden sicherer und flexibel.

Diese Sicherheit spüren Kinder mit Schwierigkeiten in der Tiefensensibilität kaum. Sie machen Bewegungen und Wege am liebsten immer auf die gleiche Weise. Das ist geübt und gibt Sicherheit. Auftragsketten sind eine

Überforderung. Denn diese müssen im Geiste vorweggenommen werden – also einmal vorausgedacht werden. Das wäre aber so, als wenn Sie jemand bittet, in einer gänzlich fremden Stadt noch eben bei der Post vorbeizugehen, im Museum einen Flyer zu holen und bei einem ganz bestimmten Bäcker etwas einzukaufen. Das Ganze ohne Stadtplan oder Smartphone!

Nun, für den einen von uns wäre das sicherlich eine große Herausforderung. Für jemanden mit einem grundsätzlich guten Orientierungssinn keine große Sache.

Gedankliches Eigenexperiment:

Um eine Idee davon zu bekommen, wie man seinen Alltag bewerkstelligen würde, gebe ich gerne folgendes Vorstellungsangebot: Jemand hat stundenlang an einem dreidimensionalen Puzzle gearbeitet. Er bittet Sie, dieses gebrechliche Gebilde mit ihrem linken Mittelzeh ganz leicht zu berühren. Sie möchten zwar seiner Bitte nachkommen, aber Sie möchten auch nicht riskieren, dass das Puzzle von Ihnen zerstört wird. Das ist nämlich abzusehen. Denn ehrlich gesagt denken Sie jetzt wahrscheinlich: linker Mittelzeh? Den spüre ich gar nicht. Wo genau ist der? Wie kann ich den isoliert von den anderen Zehen bewegen? Das geht doch gar nicht.

Aber Ihr Gegenüber macht Ihnen das vor – ganz einfach – und nun sind Sie dran!

Was tun Sie? Was tun Kinder gerne?

Eine unbewusste, aber gute Strategie ist für ein Kind die Ablenkung. Das Kind könnte dieses Spiel doof finden, Erwachsene eher einen Termin vorschieben, Fußschmerzen simulieren, usw.

Man könnte die Aufgabe vertagen. Gut, ihr Gegenüber lässt sich darauf ein und Sie vereinbaren für morgen einen neuen Versuch.

Sie möchten, dass Sie morgen Ihren linken Mittelzeh „beherrschen“. Was tun Sie?

Stopp – nicht weiterlesen. Erst einmal nachdenken …

Wahrscheinlich machen Sie genau das, womit Kinder in den Kitas auffallen könnten. Sie würden erst einmal Schuhe und Strümpfe ausziehen, um noch einmal nachzusehen, wo der linke Mittelzeh genau platziert ist.

Ihn anzusehen reicht wahrscheinlich für dieses Vorhaben nicht aus. Sie können ihn reiben, massieren, ihn fühlbar machen – ah – ja, jetzt bekommen Sie langsam eine Ahnung von ihm.

Da Sie morgen den Mittelzeh sehr zielgerichtet bewegen wollen, mit angemessenem Druck und Schnelligkeit bzw. Behutsamkeit, werden Sie ihn wahrscheinlich mit den Händen in diese Bewegung einführen. D.h., Sie bewegen Ihren Mittelzeh in der Art, wie Sie es morgen brauchen. Beugen und strecken, langsam und mit Gefühl. Wie viele Wiederholungen benötigen Sie? 100 und mehr? Also: hinsehen, reiben, Bewegungswiederholungen.

Mit viel Übung gelingt es Ihnen am nächsten Tag und Sie rufen „Hurra“. Sie tippen behutsam mit dem linken Mittelzeh an das dreidimensionale Puzzle. Alles bleibt stehen.

Leider ist Ihr Gegenüber kein bisschen beeindruckt. Für ihn ist das völlig normal. Ja, er hat diese Fertigkeit einfach von Ihnen erwartet.

Wie auch immer, Sie haben die Situation gemeistert und das ist gut so.

In den nächsten Tagen haben Sie diese Herausforderung wieder vergessen. Sie trinken gemütlich einen Kaffee, ahnen „nichts Böses“, da bittet Sie Ihr Bekannter noch einmal darum. Jetzt und sofort. Sie haben keine Zeit, sich darauf vorzubereiten. So versuchen Sie es wieder, aber es wird Ihnen wahrscheinlich nicht gelingen können. Sie haben wieder ein sehr diffuses Gefühl vom Fuß, geschweige denn von Ihrem linken Mittelzeh. Alle Zehen bewegen sich im Ganzen, der gesamte Fuß bewegt sich. Es gelingt Ihnen nicht. Ihr Fuß ist zu schnell, zu stark in seiner Bewegung, der Mittelzeh bleibt einer unter vielen – alles bewegt sich und viel zu stark. Das Puzzle bricht in sich zusammen.

Als Leser*in können Sie jetzt denken, dass es schließlich auch eine außergewöhnliche Aufgabe war und dass so etwas im echten Leben kaum vorkommt. Damit wären Ihr Selbstbild und Selbstbewusstsein erstmal gerettet. Sie vergleichen sich blitzschnell in Gedanken mit anderen Menschen und Sie gehen davon aus, dass niemand diese Aufgaben ohne Übung geschafft hätte.

Alles ist gut.

Es sei denn ... alle anderen Menschen um Sie herum würden dieser seltsamen Bitte sofort und meisterhaft nachkommen, mit großer Selbstverständlichkeit.

Jetzt kommen Sie innerlich in Bedrängnis. Ihr Selbstbild gerät ins Wanken. Jetzt sind Sie nämlich in der Minderheit und da fühlt sich alles anders an.

Ablenken oder über das Wetter reden, das funktioniert nicht mehr. Alle warten auf Sie, alle Blicke richten sich auf Sie.

Jetzt wird es für Sie ungemütlich.

Ein „Notausgang“ könnte sein, ganz dringend zur Toilette zu müssen. Das geht immer. Doch als Kind bekommen Sie die Erlaubnis erst, nachdem Sie der Aufgabe nachgekommen sind. Alle anderen werden ungeduldig, ärgerlich oder genervt, fangen an zu kichern, lachen Sie aus (ja, Kinder machen das so). Und zu allem Überfluss wird der Puzzlebesitzer (vergleichbar mit Erzieher*in oder Lehrer*in) nun auch noch ungehalten. Schließlich ist der Auftraggeber davon überzeugt, dass Sie es können, wenn Sie nur wollen. Denn schließlich hat er gesehen, dass Sie es vor ein paar Tagen gut gemacht haben. Was er nicht wusste, ist, dass Sie die ganze Nacht geübt haben und nur deshalb Ihren Zeh am nächsten Tag so gut im Gespür hatten.

Nun aber werden Sie für jemanden gehalten, der sich keine Mühe gibt, der die Übung nur macht, wenn ER selbst das will, der sich anstellt, der stur ist.

Niemand ahnt etwas von Ihrer inneren Not. Sie können sich nicht mitteilen, wenn Sie drei oder vier Jahre alt sind. Sie können es sich selbst nicht erklären. Sie merken nur, dass Sie etwas nicht können, das alle anderen leicht bewältigen. Sie merken, dass bei Ihnen etwas anders ist. Dass Sie anders sind. Die anderen Kinder und Erwachsenen sehen Sie komisch an und werden verärgert. Also muss wohl etwas mit Ihnen nicht stimmen!

Davon ist ein Kind überzeugt. Und jetzt dreht sich die Spirale weiter!

Eine einfühlsame Begleitperson würde Ihnen die Aufgabe vereinfachen. „Heute tippt mal der Finger an das Puzzle“, könnte sie sagen. Und dann dürfen Sie wieder an den Maltisch. Diese Person freut sich über Ihre Bilder. Sie bekommen bei ihr das Gefühl, ein besonders begabter Künstler zu sein. Wenn Sie jetzt noch einmal das Puzzle zusammenbrechen lassen, ist das nicht so schlimm. Schließlich sind Sie ein begnadeter Maler. Begnadete Maler dürfen Puzzle zusammenbrechen lassen und Sie bekommen Zeit zum Üben. In einer Stärke gesehen, können Sie kleine Schwächen leichter hinnehmen. Sicher werden Sie von Ihrer Begleitperson fröhlich motiviert und es macht fast Spaß, Freundschaft mit seinem linken Mittelzeh zu schließen. Irgendwann sind Sie so geübt, dass man Sie nachts aus dem Schlaf reißen könnte und Sie erfolgreich ans Puzzle tippen könnten – mit dem linken Mittelzeh.

Dann sind Sie verständnisvoll begleitet worden. Jemand hat Ihre Not gespürt. Man hat Sie nicht im Regen stehen lassen. Sie sind weder ausgeschimpft worden noch hat man Sie diese Aufgabe umgehen lassen und damit eine Ungeübtheit noch verstärkt.

Ihre Stärken wurden gesehen, die Begleitperson ist in guter Beziehung zu Ihnen geblieben und hat Sie befähigt, Schritt für Schritt diese Aufgabe zu bewältigen.

Das gibt Selbstvertrauen, Selbstwirksamkeit. Das stärkt für die nächste Herausforderung. Das Leben macht Spaß!

Auch wenn Kinder normalerweise nie mit dem linken Mittelzeh ein dreidimensionales Puzzle antippen werden, ist ein Wechsel von Leiter auf Rutschbahn für sie möglicherweise mit dieser Herausforderung vergleichbar.

Kinder zeigen Ihre Not, wenn sie Schwierigkeiten in einem Bereich haben, oft damit, dass sie in einer besonderen Art und Weise kompliziert wirken. Neue Bewegungen werden nur sehr langsam erlernt. Bewegungsübergänge, wie von einer Leiter auf die Rutschbahn zu wechseln, sind ungeschmeidig, ungelenk und gelingen oft nur mit Mühe. Sie benötigen ihre ganze Konzentration dafür. Wenn sie unkonzentriert sind, passieren öfter kleine Unfälle.

Diese Kinder spüren sich sehr ungenau. Als Erwachsener klopfen Sie als Selbsthilfe Ihren eingeschlafenen Arm wach – Kinder klopfen ihren Körper kindlicher wach. Sie lassen sich auf die Knie fallen und rutschen mit Schwung über den Boden. Sie lieben es, die Enge in Höhlen zu spüren. Sie fassen feste zu. Sie haben übermäßig viel Schwung bzw. sie können ihre Kraft nicht angemessen dosieren. Sie können sich keine Auftragsketten und keine Wege merken. Da sie sich ihres eigenen Körpers nicht bewusst sind, sind sie sich ihrer selbst nicht bewusst. Sie sind nicht selbstbewusst und in ihrem Verhalten nicht variabel. Wie sollten sie in andere Rollen und Gefühle schlüpfen, wenn sie sich in ihrem eigenen Körper noch gar nicht auskennen? Vielleicht üben sie die Rolle des Batmans. Aber dann wollen sie immer nur diese Rolle. Denn die Rolle haben sie geübt. Darin fühlen sie sich sicher. Dieses Verhalten lässt sie eigensinnig erscheinen. Sie werden keine gefragten Spielpartner*innen sein.

Wenn man sich selbst wenig spürt, geht man intuitiv davon aus, dass das bei allen anderen auch so ist. Und das lässt einen kräftiger zupacken (oder viel zu leicht).

Und ganz wichtig: Reden hilft nicht, Führen ist angesagt.

Erinnern Sie sich: Wenn Ihr Arm eingeschlafen ist, könnte ich Ihnen verbal noch so viele Anweisungen geben, es geht nicht leichter dadurch. Eine echte Hilfe wäre es Ihnen den Arm zu führen.

Wenn Eltern also nur die Reaktionen sehen und für oder gegen ihr Kind reagieren, ist keinem geholfen.

Verstehen Eltern und andere aber, was in dem Kind vor sich geht, und verstehen sie die Reaktionen als momentan bestes Verhalten, dann können sie ihrem Kind verständnisvoll eine Brücke bauen. Das Kind bekommt auf seinem Weg ein Geländer, an dem es sich festhalten kann. Das Geländer heißt verstehen, Begleiten, angemessene Angebote setzen. Und mit jeder positiven Erfahrung wird es auch den nächsten Schritt wagen können!

Praxisbeispiel Unterempfindlichkeit

Bruno

Ich möchte Ihnen eine für mich eindrucksvolle Förderstunde mit Bruno schildern.

Zu Beginn der Stunde bitte ich Bruno, er ist drei Jahre und zehn Monate alt, ein Bild von sich zu malen. Er malt einen Kreis für den Kopf, in eine andere Ecke einen weiteren Kreis als Bauch und verteilt auf das Blatt zwei Striche als Beine.

Anschließend bekommt Brunos Gehirn viel Futter über die Tiefensensibilität. Sein Körper wird mit schweren, mit Sand

gefüllten Säckchen belegt. Er wird in einen Teppich eingerollt. Ein Körperpuzzle meistert er auch.. Er robbt durch einen Stofftunnel mit vielen Kissen im Tunnel, sodass er richtig arbeiten muss, um vorwärtszukommen. Durch die Reibung, das Gewicht, das Spüren fühlt er deutlich seinen Körper. Seine Bewegungen werden präziser. Er ist „abgekämpft" und glücklich.

Am Ende der Stunde darf er noch einmal ein Bild von sich malen.

Nun malt er sich, mit Kopf, Hals, Bauch, Armen, Fingern, Nabel, Beinen, Füßen und einem lachenden Mund. Alles am richtigen Platz und alles miteinander verbunden.

Kinder malen sich spontan immer so, wie sie sich fühlen. Es sei denn, sie üben das Malen zuvor, dann werden ihre Zeichnungen schablonenhaft.

In zahlreiche Fördereinheiten bekam Brunos Gehirn „Futter“. Die Sensibilität der Eigenwahrnehmung (Tiefensensibilität) wurde gefördert. So konnte Brunos Gehirn nach und nach eine Landkarte über seinen Körper ausbilden.

Tiefensensibilität Überempfindlichkeit?

Hinter diese Überschrift habe ich ein Fragezeichen gesetzt.

Die Überempfindlichkeit in der Tiefenwahrnehmung würde ich eher als eine sehr ausgeprägte Tiefenwahrnehmung bezeichnen. Je besser wir uns spüren, desto genauer, angepasster, differenzierter und bewusster können wir uns bewegen. Die Bewegungen erscheinen leicht, flüssig und spielerisch. Gut trainierte Tänzer verdeutlichen dieses Bild. Ihre absolute Körperkontrolle ermöglicht ihnen harmonische Bewegungen. Bewegungsabläufe werden mühelos gespeichert und abgerufen. Instinktiv möchten wir ein angenehmes Körpergefühl entwickeln und manch einer trainiert im Laufe seines Lebens viel dafür.

Yaras Schwierigkeiten?

Nicht immer gehören die Schwierigkeiten des Kindes auch zum Kind. Da eine Art Übertragung von Eltern auf Kindern häufiger vorkommt, beschreibe ich Auszüge aus der Begegnung mit Yara und ihrer Familie.

In Yaras Fall hat sie Ängste ihrer Mutter gespürt und unbewusst übernommen.

Yara

Yara kommt in die Förderung und sehr bald sind Schwankungen im Gleichgewicht erkennbar. Sie macht zwar insgesamt schnell kleine Fortschritte, sobald es aber in die Höhe geht, bekommt sie Angst.

Yara will aber dazulernen. Mit schweißnassen Händen müht sie sich jede Stunde erneut die Leiter nach oben und nach unten, um einen Gegenstand zu holen, den wir benötigen, um weiterzuspielen. Innerlich ziehe ich oft den Hut vor ihr. Sie stellt sich heldenhaft ihrer Angst vor der Höhe und der Unsicherheit.

Einer Eingebung folgend bitte ich in einer Stunde die Mutter mit in den Übungsraum hinein.

Als die Mutter den Aufbau mit der Leiter sieht, wird ***IHR*** *übel. Sie fängt an zu schwitzen. Sie möchte am liebsten ihr Kind davon abhalten, auf die Leiter zu steigen. Sie reißt sich zwar zusammen, aber es liegt nun eine Atmosphäre von Angst in der Luft. Das Kind folgt dieser Stimmung intuitiv. Glücklicherweise kann Yara motiviert werden und sie zeigt ihrer Mutter unser Spiel. Yara kommt jetzt kaum drei*

Sprossen hoch. Eben noch, als wir alleine waren, konnte sie die gesamte Leiter hochklettern!

Jetzt wird die Situation für mich klarer. Ich biete der Mutter an, ebenfalls eine Stufe zu nehmen. Da die Mutter sich bei mir sicher fühlt, folgt sie trotz ihrer Angst meinem Angebot. Sie benötigt einen Augenblick, um sich dazu zu entschließen. Begleitet von einem Schwall an Erinnerungen, die das Klettern bisher verhindert hatten, gepaart mit Schwitzen und Zittern, steigt sie auf die erste und dann sogar auf die zweite Stufe. Das macht sie stolz, unglaublich stolz. Ich biete ihr an, ein Foto von ihr zu machen, wie sie auf der Sprosse der Leiter steht. Sie gibt mir ihr Smartphone und strahlt in die Kamera. Sie fühlt sich so erleichtert, so glücklich, und ist jetzt so stolz auf sich. Es ist eine Freude, diesen Moment mitzuerleben.

Als der Vater zum Abholen kommt, wirft seine Frau sich ihm in die Arme und zeigt ihm das Foto.

Und nun kommt es: Yara zeigt ihrem Vater nach dieser Stunde unser Spiel und kletterte mit Leichtigkeit die gesamte Leiter hinauf.

In diesem Beispiel ging es um eine gefühlte Unsicherheit. Diese Unsicherheit war nicht in Yara selbst begründet.

Wie ein kleiner Schwamm übernehmen Kinder oft Gefühle ihrer Eltern. So werden die elterlichen Empfindungen erst durch sie sichtbar. Und da Yaras Mutter solch eine Angst vor dem Klettern hatte, war es eine logische Reaktion, dass sie mit Yara keinen Spielplatz mit Kletterturm besuchte. Aber damit verhinderte sie, dass Yara sich darin üben konnte.

Alles geschieht in bester Absicht! Eltern möchten ihre Kinder beschützen.

Erst durch die Einbeziehung der Eltern in den Therapieprozess konnte diese Art von Übertragung entdeckt werden. Diese Entdeckung zeigte sich als wichtiger Schlüssel für Yaras Weiterentwicklung.

Ich weiß nicht mehr, ob dieses Erlebnis bei mir den Ausschlag dafür gab, mit einer Ausbildung zur Systemischen Beratung zu beginnen. Jedenfalls konnte ich das erlernte Wissen und die Methoden sehr gut nutzen, um Förderungen systemisch, d.h. auf das Familiensystem bezogen, zu erweitern und damit erfolgreicher zu machen.

Yaras Mutter wurde etwas bewusst. Sie fand Lösungen. Ihr Partner übernahm mit ihr zusammen die Verantwortung dafür, dass Yara ihre Fertigkeiten weiter entwickeln konnte. Durch die erlebte Freude der Mutter hatte sich eine Tür dafür geöffnet.

Auf diese positiv erlebte Klettererfahrung konnte gut aufgebaut werden. Es ging um Bewusstwerden und um Ressourcen. Aus solch einer Wertschätzung kann Entwicklung geschehen. Auf diese Erfahrung konnten Yara und ihre Familie nun aufbauen. Sie wurden kreativ in ihrem Aufspüren von Möglichkeiten. Der Vater übernahm sehr gerne den Spielplatzbesuch. Als Yara sicherer wurde, nahm sie auch gerne eine Freundin mit. Die Mutter wagte sich selbst mal wieder in die Bewegung und genoss ihre neu erworbenen Bewegungssicherheiten. Das hatte nicht nur Einfluss auf ihre Lebensfreude, sondern auch auf die Zufriedenheit der Familie.

Auch in Yaras Beispiel gab es wieder Beziehungsgeschenke. Yaras Mutter vertraute der Therapeutin ihrer Tochter. Das spürt ein Kind. Yara konnte den Stolz und die Freude der Mutter spüren, als diese selbst einige Leitersprossen nahm. Yara erhielt die atmosphärische Botschaft, dass alles gut ist und Yara nun klettern darf.

Auf einem solchen Boden kann viel Gutes erwachsen.

Können Sie den Unterschied erfühlen, wenn ich im Gegensatz dazu nicht das System Familie von Yara einbezogen hätte? Da Yara außerhalb der Stunden eher Vermeidung und Ängste gespürt hat, wären Erfolge, trotz Yaras immenser Bemühungen während der Fördereinheiten, nicht zum Erblühen gekommen.

In diesem Fall waren Yaras Schwierigkeiten mit dem Gleichgewicht eher ein seelischer Ausdruck der Unsicherheit, die eigentlich zur Mutter gehörte.

Was kann ich tun?

Unterbrechen des Teufelskreises

Machen wir einen kleinen Ausflug in folgendes Szenario:

Ein*e Erzieher*in hat sich über ein Verhalten eines Kindes geärgert.

Die Toleranzgrenze dem Kind gegenüber sinkt, die Tonlage wird unfreundlicher oder ironisch. Es wird jedes kleine störende Verhalten des Kindes bemerkt, der Blickwinkel verengt sich. Das Kind gerät in Gefahr, immer häufiger in eine Denkschublade gesteckt zu werden. Irgendwann hat es kaum noch Möglichkeiten, daraus wieder entlassen zu werden. Die Sicht auf das Kind „spricht" sich bei den Kollegen*innen, aber auch bei den anderen Kindern, rum. Die anderen Kinder achten auch plötzlich darauf. Wahrscheinlich wird das Kind gehänselt. Stärken des Kindes, dass es gut malen kann oder sich sehr gut mit Tieren auskennt – wird nicht mehr gesehen. Der Fokus hat sich verengt.

Kinder bedienen oft unbewusst die Sichtweisen der anderen. Kennen Sie das nicht auch? Gelten Sie in einem gewissen Kreis als gesellig, können sie Ihre gesellige Seite ganz leicht dort zeigen. Gelten Sie in anderen Kreisen als verschlossen, werden Sie sich wahrscheinlich anders verhalten – nämlich eher dieses Bild bedienen.

Da beginnt ein Teufelskreis. Wird ein Kind in seiner Schwäche gesehen, verstärkt sie sich. Der „berühmte" Spruch: „Das hab' ich ihm schon 100-mal gesagt", macht es deutlich. Da ist jemand verärgert, weil nicht seinem Anliegen entsprechend gehandelt wird.

Für das Kind stellt diese Denkschublade keine Hilfe dar, sondern ein weiteres Hindernis. Es bräuchte dringend

Ermunterung, kein Untermauern und Zementieren seines Nicht-Könnens.

Falls es noch andere Kinder in der Kita-Gruppe geben sollte, die ähnlich wie es selbst ungern klettern, rollen und schwingen oder alles „übertrieben“ machen, wird es seelisch leichter für das betroffene Kind. Dann fühlt es sich nicht allein.

Erinnern Sie sich an das Zitat aus dem Vorwort:

Die Toleranz wird getestet, wenn man in der Mehrheit ist. Fällt nur ein Mensch „aus dem Rahmen“, urteilen die meisten Menschen so, als sei derjenige, der aus der Mehrheit herausfällt, nicht richtig. Je mehr es aber sind, die aus dem Rahmen fallen, desto alltäglicher und normaler scheint ihr Verhalten.

Ist das Kind mit seiner Schwierigkeit tatsächlich ein Einzelfall in dieser Gruppe, ist die Gefahr der Fremd- und Selbstabwertung sehr groß.

Als Erwachsener können Sie auf Toleranz und Respekt hoffen. Man kann darüber sprechen und mit Verständnis rechnen.

Misserfolge vermeiden

Es hilft enorm, das Kind nicht immer wieder in die Misserfolgsschleife geraten zu lassen. Denn jedes Mal werden dem Kind seine Schwierigkeiten erneut erlebbar gemacht, jedes Mal verstärkt sich sein „Unfähigkeitsgefühl“. Die Chance, dass die gewollte Fertigkeit bzw. ein erwünschtes Verhalten doch eines Tages quasi, wie aus heiterem Himmel gelingt, sinkt gegen Null. Der Satz: „Das habe ich Dir doch schon 100-mal gesagt“, zeigt nur die Hilflosigkeit der erziehenden

Person auf. Wenn etwas 100-mal nicht funktioniert hat, warum sollte es beim 101. Mal funktionieren? Ändert man eine winzige Kleinigkeit, steigen die Chancen.

Die Richtung kennen

Es hilft, wenn man die Etappenziele und die Wege dorthin im Blick behält, wenn man weiß, was für das Kind hilfreich ist. Es ist beispielsweise ein großer Unterschied, ob man beim Anziehen denkt, „jetzt trödelt er schon wieder", oder aber „er benötigt weiterhin meine Anleitung, um seine Struktur zu finden".

Ein anderes Beispiel: Statt: „Sie ist so aggressiv" zu denken, im Blick haben, dass der Erwerb von Selbstbeherrschung einzuüben ist.

Ein realistisches Ziel im Blick zu haben, gibt Zuversicht, dass es erreicht werden kann. Es ist hilfreich, das Ziel in kleine Schritte zu unterteilen.

Bei unserem Beispiel des Anziehens könnten kleine Schritte so aussehen, dass ich dem Kind erst einmal nur die Unterwäsche hinlege. Wie eine Straße, die es abgeht, also in einer gleichbleibenden Reihenfolge. Beherrscht das Kind das Anziehen dieser wenigen Teile, wird die „Anziehstraße" um das nächste Stück verlängert. Durch viele Wiederholungen festigt sich die Handlung. Begleitet man das Kind sprachlich dabei („So, als Erstes ziehst du jetzt deine Unterhose an, dann das Unterhemd"), wird es leichter für das Kind. Kinder sprechen sich innerlich diese sprachlichen Anweisungen unterstützend selbst vor. Es ist für sie eine weitere Möglichkeit, Gelerntes umzusetzen.

Stärken fördern

In den Fallbeispielen wurde schon beschrieben, wie überaus erfolgreich es in der Regel ist, Kindern immer wieder ihre Stärken bewusst zu machen und ihnen immer wieder Gelegenheit zu geben, diese zu zeigen.

Auch wir Erwachsenen können mit Niederlagen, z.B. beim Fechten, besser umgehen, wenn wir spüren und wissen, dass wir gut Fußballspielen können. Aufspüren von Stärken ist auch eine Aufgabe als Erzieher*in und Begleiter*in. Oft reicht es, genau hinzusehen, was das Kind von sich aus gerne macht, und ihm dazu viel Möglichkeit, Zeit und Raum dafür zu geben. Diese Fähigkeiten sollte man wertschätzen und dies auch mitteilen. Fördern Sie das Kind in seinen Stärken – durch sein positives Selbstbild wird es sich auch an „schwierigere" Fertigkeiten wagen.

Positiv über das Kind sprechen

Spricht man positiv von einem Kind, wird positives Verhalten erwartet und eher bemerkt. Spricht man in positiver Erwartung zu einem Kind, wird es dem eher entsprechen.

Achten Sie die Selbststeuerung des Kindes

Jeder Mensch braucht zu seinem Wohlbefinden die Möglichkeit, auf seine Umwelt Einfluss nehmen zu können. Können einströmende Reize eigenmächtig reguliert werden, gibt das Sicherheit. Man ist den Reizen nicht hilflos ausgesetzt. So kann man die Lautstärke von Tönen rauf- oder runterregeln, sich bei Reizüberflutung in eine ruhige Umgebung begeben, selbst bestimmen, wie hoch man schaukeln möchte, und vieles mehr. Diese Sicherheit ermöglicht es mit Vertrauen und Interesse, Grenzen zu erweitern.

Reduzieren Sie Reize und Ablenkungen

Zum Erlernen neuer Fertigkeiten benötigt man Konzentration. Dafür sind eine ruhige Umgebung und Zeit nötig. Dauerberieselung durch Musik, Gespräche, visuelle Reize oder Gerüche stören die Konzentration.

Vom Leichten zum Schweren, von einfach zu komplex

Erst wenn eine Fähigkeit erlernt ist, kann eine weitere hinzugenommen werden. Ein Kind, das lernt mit einer Schere zu schneiden, muss seine Aufmerksamkeit zunächst auf die Fingerbewegungen richten, dann auf die Formen oder Linien, die es schneiden möchte. Erst wenn dieser Prozess geübt ist, kann ein Kind auch zuhören, wenn es angesprochen wird, oder selbst beim Schneiden sprechen.

Nutzen Sie die Interessen des Kindes

Für ein Kind mit einem großen Interesse an Autos ist es viel interessanter und motivierender, durch das Thema Autos zu lernen. Möchten Sie beispielsweise feinmotorische Fähigkeiten mit ihm üben, ist es deutlich erfolgsversprechender, wenn es um Autos geht. Autos malen, ausschneiden, aufkleben, puzzeln, bauen usw.

Und es wird die Tätigkeit freiwilliger, freudiger, motivierter, sorgfältiger und natürlich häufiger tun. Ein guter, förderlicher Kreislauf ist eingeleitet. Kommen Sie mit dem Kind über Autos ins Gespräch. Erweitern Sie sein Wissen über Autos, erklären sie Funktionsweisen, Farben, Unterschiede und Gemeinsamkeiten. Zählen sie die ausgeschnittenen Autos und erfinden Sie mit dem Kind

Autogeschichten. Das Interesse des Kindes zu nutzen, unterstützt es in die eine förderliche Entwicklungsrichtung.

Frühzeitig umlenken

Beobachten Sie das Verhalten des Kindes. Es gibt sicherlich Signale der Überforderung. Wann kippt die Situation? Wird es unruhig, zappelig oder aber sehr ruhig? Ändert sich der Blick? Die Spannung im Schultergürtel? Die Spannung in der Hand, im ganzen Körper? Schauen Sie auf den Mund. Oftmals verziehen die Kinder bei Stimmungswechsel ihren Mund – zu viel oder zu wenig Spannung kommt in die Lippen.

Was machen wir mit den Beobachtungen?

Es ist ein guter Anfang zu wissen, wann ein Kind in eine Überforderungssituation gerät. Aber dem Kind hilft es jetzt nur weiter, wenn es wieder aus der Situation rauskommt. Sonst manifestiert sich seine Überforderung mit seinen Reaktionen.

Helfen Sie dem Kind. Lenken Sie seine Aufmerksamkeit um.

Geben Sie Halt durch Struktur

Kinder benötigen Abläufe, die sich wiederholen. Das gibt Sicherheit und Entspannung in ihrem Nervensystem.

Rituale erleichtern das Meistern von Übergängen. Das Kind kann sich auf die nächste Situation innerlich einstellen. So gibt z.B. eine allabendliche Wiederholung von Zähneputzen, Geschichte vorlesen und zu Bett gehen einen ruhigen und verlässlichen Übergang vom Tag in die Nacht.

Ankündigen von Aktivitäten

Geben Sie dem Kind Orientierung und Zeit, indem Sie Aktivitäten vorher ankündigen. Es kann sich darauf einstellen. Niemand wird gerne aus einem Spiel plötzlich herausgerissen.

Übertragen Sie angemessene Aufgaben

Das Bewältigen von Aufgaben erzeugt Stolz. Selbstwirksamkeit und Bewältigung werden erlebt. Das Selbstbild wird positiv gefärbt.

Führen statt Sprechen

Will einem Kind etwas nicht gelingen, setzen sprachliche Anweisungen das Kind zusätzlich unter Druck. Übt es beispielsweise eine Schleife zu binden, helfen ihm verbale Anweisungen nicht weiter. Erfolgversprechender ist es, die Hände des Kindes behutsam zu führen. Meiner Erfahrung nach erhalte ich auf die Frage: „Darf ich dir zeigen, wie das geht?" oft ein „Nein". In dieser Frage ist die Person impliziert und das Kind erlebt sich eventuell als unzureichend. Auf die Frage: „Darf ich deinen Händen zeigen, wie das geht?" erhalte ich immer ein „Ja" als Antwort. Scheinbar erlebt sich das Kind als selbstkompetent, da es nur um seine Hände geht.

Gefühle kennenlernen

Gefühle zu spüren und einzuordnen unterstützt die gesunde Eigenwahrnehmung. Jedes Gefühl hat seine Berechtigung und sollte nicht bewertet werden. Erwachsene können unterstützend wirken, wenn sie die Gefühle des Kindes kurz benennen. „Es sieht so aus, als wärst du jetzt ganz traurig." Das Kind kann das eigene unbewusste Gefühl nun bewusster wahrnehmen und mit Ihnen, wenn nötig, gemeinsam einen Weg aus der Situation hinausfinden. Es wird als Person wahrgenommen und anerkannt. Das ist sehr wohltuend!

Eine belastende Gefühlssituation des Kindes bedarf der verstehenden Begleitung durch einen Erwachsenen.

Das Kind lernt seine Gefühle anzunehmen und mit ihnen umzugehen.

Interaktion üben

Keiner kommt zur Welt und kann erfolgreich interagieren. Leiten Sie das Kind beim Erlernen von diesen Fähigkeiten an. Begleiten Sie es bei der Kontaktausnahme mit anderen Menschen, beim Kompromisse schließen, beim Tauschen usw.

Wenn etwas gut funktioniert, wiederholen Sie es!

Das geht in Richtung Stärkenorientierung. Genießen Sie mit dem Kind, wenn Abläufe, oder was auch immer, gut funktionieren. Sie können zu Inseln im schwierigen Alltag werden.

Grenzen achten

Ermuntern Sie Ihr Kind, seine persönlichen Wünsche, aber auch Grenzen, wahrzunehmen und auszudrücken. Es darf Sicherheit in sich finden. Die Sicherheit, dass es als Person genau so richtig ist, wie es ist.

Wünsche sind verhandelbar, Grenzen nicht. Achten Sie dabei auch auf Ihre Wünsche und Grenzen.

Wenn etwas gemacht werden muss, dann lassen Sie sich nicht in Diskussionen verwickeln. Sie erhöhen die Kooperationsbereitschaft und die Selbstwirksamkeit des Kindes, indem Sie, falls es zu der Situation passt, einen kleinen Spielraum einbauen. Wenn Sie möchten, dass sich das Kind jetzt anzieht, stellen Sie das nicht als Frage, wie „Würdest du dich bitte anziehen?", sondern „Möchtest du den blauen oder den grünen Pulli anziehen?" Diese Frage lässt keine Zweifel darüber, OB etwas gemacht wird.

Achten Sie auf den Medienkonsum des Kindes

Auch wenn es sich unbequem liest oder nicht zeitgemäß klingt. In der heutigen Zeit klafft die Schere zwischen eigenem Erleben und konsumierten Eindrücken weit auseinander. Das birgt Gefahren für die kindliche Entwicklung. Nur durch eigenes Tun können sich die nötigen Sinne für unseren Körper entwickeln.

Wenn ein Kind eine Stunde Medien konsumiert hat, muss es sich vier Stunden bewegen, um das Gehirn wieder zu ordnen. Vier Stunden draußen sein und klettern, laufen, springen. Leider sieht der Alltag der Kinder häufig anders aus.

Sprechen Sie mit Ihrem Kind und erkunden Sie gemeinsam

Viele Kinder sah ich vor den Therapiestunden im Wartebereich sitzend ausharren. Die beschäftigten Eltern hatten im Wartebereich derweil viel zu erledigen, Dokumente, Telefon. Ich möchte die Anforderungen der heutigen Zeit keinesfalls negieren. Richtet sich der Blick jedoch auf die Kinder, muss man zugeben, dass sie oftmals „den Kürzeren" ziehen. Zu den physiotherapeutischer Behandlungen wurden einige Kinder auch im fortgeschrittenen Alter noch im Buggy gebracht, damit das Kind Bewegungserfahrungen macht. Sicher gibt es gute Gründe für den Transport im

Buggy. Aber aufgepasst: Es schleicht sich gerne eine Art Bequemlichkeit ein, die einem Kind auf Dauer einfach nicht gut bekommt. Bitte lesen Sie das nicht nur mit erhobenem Zeigefinger von mir. Ich rege Sie nur zur Reflektion an. Möglicherweise habe ich damit eine Stellschraube getroffen, an der Sie drehen können.

Lassen Sie sich den Rücken stärken

Die Erziehung eines Kindes kann sehr anstrengend und herausfordernd sein.

Zum Glück gibt es viele Angebote, die Eltern oder anderen Bezugspersonen den Rücken stärken können, zum Beispiel Erziehungsberatungsstellen.

Sie müssen nicht alles allein schaffen

Es gibt zahlreiche Unterstützungsmöglichkeiten, wenn ein Kind Hilfe benötigt. Durch eine ärztliche Diagnose können hilfreiche Maßnahmen mit therapeutischem, psychologischem oder pädagogischem Schwerpunkt eingeleitet werden.

Wann Sie dringend reagieren sollten

Gefährdet sich Ihr Kind selbst, sollten Sie dringend Hilfe aufsuchen … wenn es sich selbst absichtlich verletzt, z.B. den Kopf gegen die Wand schlägt, zu gewagt tobt, sodass es wiederholt zu Verletzungen kommt, sich die Haare ausreißt, Temperaturen nicht spürt und sich verbrüht usw.

Auch wenn Ihr Kind andere Menschen gefährdet, sollten Sie nicht lange zögern und mit dem Kinderarzt sprechen.

Hören Sie dabei auf Ihr Gefühl. Suchen Sie ihn lieber zu früh als zu spät auf.

Seien Sie ein Schatzsucher

Die nachfolgende Übung kann sehr leicht oder auch ziemlich schwer werden.

Nehmen Sie sich vor, Schätze des Kindes zu finden. Das können Verhaltensweisen wie sein Lachen sein, Eigenarten wie seine erfrischende kindliche Neugier und vieles mehr. Je mehr Sie finden, desto deutlicher wird sich Ihr Blickwinkel verändern können.

Natürlich müssen Sie hier nicht beenden. Vielleicht geht es jetzt erst richtig los.

Und jetzt: Auf zum Spielen

Richtig, zum Spielen. Haben Sie unendlich Spaß mit Ihrem Kind. Das Kind hat sich die Regeln, Kennzahlen und

Normtabellen dieser Welt nicht ausgesucht und Sie auch nicht. Im Spiel zählt die Beziehung.

Das ist unendlich wichtig!

Und das, was Sie für das Kind sind: Der wahrscheinlich vertrauteste Mensch auf der ganzen Welt.

Ist das nicht schön?

Genießen Sie es. Gestalten Sie die Beziehung. Haben Sie Spaß. Lernen Sie gemeinsam etwas Neues kennen: Zeigen Sie Ihrem Kind etwas von dem, was Sie schon kennen. Lassen Sie sich etwas von ihm zeigen. Gehen Sie in die Natur. Basteln Sie gemeinsam. Lesen Sie vor. Spielen Sie Fantasiespiele und Regelspiele. Backen Sie gemeinsam, gehen Sie zusammen einkaufen.

Für Ihr Kind ist alles eine spannende Erkundungsreise, auch dann, wenn Ihr Kind das nicht immer zu erkennen gibt. Es könnte z.B. beim gemeinsamen Einkaufen seinen Unmut zeigen. In diesen Situationen erkundet es vielleicht das Verhalten der wichtigsten Menschen in seinem Leben.

Angebote über gemeinsames Tun gibt es zuhauf. Bücher, Anregungen im Internet, Spiele, die Sie schon als Kind kennengelernt haben …

Aus meiner Sicht und Erfahrung ist es weniger wichtig, WAS wir tun, sondern WIE wir es tun.

Natürlich bereichert Abwechslung ein Kind. Es lernt vielfältig. Das ist gut und wichtig. Aber wir benötigen einfach keine 1000 Spielsachen, um zu spielen.

Bleiben Sie als Mutter oder Vater, als Bezugsperson, präsent – geben Sie dem Kind Ihre Aufmerksamkeit. Zeigen Sie sich interessiert und lassen Sie sich auf das Kind ein. Mit dieser Geborgenheit können Kinder besser mit Situationen umgehen, in denen Sie mal nicht ihre volle Aufmerksamkeit geben können.

Konnte ich Ihnen ein Gefühl für die Welt Ihres Kindes geben?

Haben Sie es wiedererkannt? Oder haben Sie sich selbst wiedererkannt?

Wahrscheinlich kann sich jeder Mensch in dem ein oder anderen Detail wiedererkennen. Wir sind „Gott sei Dank“ nicht aus einem Guss. So bleibt es interessant und spannend.

Sehen Sie Ihr Kind als einzigartiges und interessantes Wesen, das diese Welt kennenlernt. Und Sie lernen das Kind kennen.

Wenn es dem Kind und seiner Umwelt gut geht – prima.

Wenn es ihm oder seiner Umwelt nicht gut geht, wird Unterstützung benötigt.

Und sonst, wie der Kölner sagt: „Jeder Jeck ist anders.“

Oder: **WER ist hier eigentlich anders?**

Nachwort und Dank

Ich hoffe, ich konnte Ihnen ein Gefühl dafür geben, dass es sehr unterschiedliche Befindlichkeiten gibt und dass sie in den allermeisten Fällen keine „Launen“ sind. Die Reaktionen, das Verhalten haben eine Ursache und sind immer logisch.

Mit dieser Grundannahme ist den Kindern (und allen Menschen) schon sehr gedient. Geht man von dieser Annahme aus, kann sich eine Bereitschaft einstellen, den anderen Menschen, ob klein oder groß, wirklich verstehen zu wollen. Über das Verstehen und genaue Hinsehen ergeben sich weitere Wege, die nächsten Schritte.

Lernen ist Beziehung.

Ich danke meiner Familie für ihre Fragen, Anmerkungen und Unterstützung.

Die Künstlerin Lilla Varhelyi konnte die Thematik wunderbar in ihren Zeichnungen verdeutlichen.

www.lillavarhelyi.de

„Lilla Varhelyi, geboren und aufgewachsen in Ungarn, lebt und arbeitet seit über 30 Jahren in der Eifel. Sie ist Musikerin und Malerin, liebt die Natur, Tiere, gute Bücher sowie die gesunde Küche.“

Ich danke allen Familien, mit denen ich in meiner Arbeit im Frühförderzentrum in Kontakt und in Verbindung gekommen bin, und allen Menschen, denen das Thema auch eine Herzensangelegenheit ist und die sich gerne darüber austauschen.

Autorin

Monika Sittart
mosittart@aol.com

- Physiotherapeutin
- Sonderqualifikation Psychomotorik
- Systemische Beraterin
- Gymnastiklehrerin
- Entspannungspädagogin
- Fußreflexzonentherapeutin